会读书才会学语文

邵鑫 著

团结出版社

©团结出版社，2022 年

图书在版编目（ＣＩＰ）数据

会读书才会学语文 / 邵鑫著.－－ 北京：团结出版社，2022.11（2025.7 重印）－－ ISBN 978-7-5126-9599-3

Ⅰ.①会… Ⅱ.①邵… Ⅲ.①语文课－中小学－教学参考资料 Ⅳ.①G634.303

中国版本图书馆 CIP 数据核字(2022)第 155740 号

责任编辑：张晓杰
封面设计：张亚群

出　　版：	团结出版社
	（北京市东城区东皇城根南街 84 号　邮编：100006）
电　　话：	（010）65228880　65244790 （出版社）
	（010）65238766　85113874　65133603（发行部）
	（010）65133603（邮购）
网　　址：	http://www.tjpress.com
电子邮箱：	zb65244790@vip.163.com
经　　销：	全国新华书店
印　　装：	天津盛辉印刷有限公司
开　　本：	170mm×240mm　　16 开
印　　张：	14　　　　　　　　字　　数：163 千字
版　　次：	2022 年 11 月　第 1 版　　印　　次：2025 年 7 月　第 5 次印刷
书　　号：	978-7-5126-9599-3
定　　价：	59.00 元
	（版权所属，盗版必究）

前言

怎样才能学好语文？这是我近十年来听到最多的一个问题。

向我提问的人里，不乏各领域的精英家长、各年级的名校学霸，甚至各城市的一线教师。语文是近些年中高考的宠儿，更关系到一个民族的思维方式和文化传承，但怎么才能学好如此重要的一门学问，却成为了很多人头疼的问题。

大家把这问题抛给我，可能是基于两方面考虑。

一方面，我在学生时代是语文学习的佼佼者，甚至可以说"专业户"。从小学到高中，雷打不动属于我的头衔是"语文课代表"，但凡语文考试，最高分极少旁落。我会学语文，也爱学语文，高考报志愿时，我填报的所有志愿都是"北大中文系"。如愿入读后，除了学习中文系的各种专业课程，我还在业余时间继续"疯狂"从事各种和语文有关的活动：参加北大文学社，做到社长；参加北大中文辩论队，做到队长，并连续拿到两届"北大之锋"最佳辩手——不管是写还是说，我总是热衷于出现在和"语文"有关的第一线。读完四年本科后，我又被保送读了三年硕士，就这样在北京大学中文系和语文相伴了七年。如果算上此前的学习生涯，我人生中有近二十年时间都在学校里学语文，这让很多人难以想象。所以他们觉得，我大概对语文学习有一种特殊的情怀。

另一方面，我在大学毕业后选择了投身教育事业，所从事的领域仍然和语文有关。在教培行业深耕多年后，我在2020年11月辞职创业，开始实践自己的教育理念。2021年，我创办了新秋读书会（"新秋"源自北京大学中文系的系歌《新秋之歌》），致力于帮助中国青少年爱上读书、学会思考。在读书会上，我们精选古今优秀作品并逐字逐句精读分析，设置读书任务和点评反馈，解决青少年阅读写作问题。2022年6月，我又创办了"宜读经典"小程序，致力于普及人文经典、助力全民阅读，利用碎片化的时间解读文学、文史、文化类经典作品选段，解决很多人不爱读经典、不会读经典、没时间读经典的问题。2022年10月，我开通了名为"邵鑫读书"的微信视频号，每天直播分享我的教育理念和学习方法，精读必读名著，帮助更多人提升教育认知，培养读书习惯。在这期间，我接到山东卫视节目组邀请，参加了国内首档大语文公开课节目《超级语文课》，得以与国内首批基础教育专家、国内顶尖人文学者以及来自全国各地的优秀语文老师共同学习、探讨语文教育之道，获益颇丰。在讲课比赛过程中，我进一步坚定了自己的语文学习理念和读书方法，最终的夺冠也给了我很大的鼓励。在很多人看来，能够成为《超级语文课》首季冠军、2022最受欢迎语文老师，我一定有什么语文教学的独门心法吧！

若论心法，自然是有的。简言之，语文学习要有"四多"：多读书，多动笔，多思考，多感受。这四者之中，读书尤为重要，堪称语文学习的"牛鼻子"。可以毫不夸张地说，会读书才会学语文。具体而言，要如何做呢？在我的创业过程中，我曾经多次分享过我的读书学习理念和实践经验，如今结集付梓，希望能给关注语文学习的每位家长和孩子一些启发，也希望能为中国的语文教育和文化传承贡献绵薄之力。

最后，感谢一路陪伴我走来的团队伙伴们，感谢为本书付出心血的编辑老师们。我所创办的新秋读书会、"宜读经典"小程序和一系列视频号，如今已全部归入"邵鑫读书"的新品牌下，我和我的团队将持续努力，帮助更多家庭提升学习理念，养成阅读习惯，建立文化自信。

邵 鑫

2022 年 10 月

目录

- *001* 读书如何得法   1
- *002* 怎样引导孩子有效读书   20
- *003* 读书是一场开心的烧脑之旅   31
- *004* 语文学习的三个核心问题   37
- *005* 关于读书规划与必读书   44
- *006* 爱上读书,学会思考   51
- *007* 新课标出台后,青少年应该如何读书   69
- *008* 怎样读书才能掌握文章之道   82
- *009* 读书是一种崇高而美好的智力锻炼   95
- *010* 如何阅读经典作品   108

附录一

- *001* 读《冬天》   131
- *002* 读《阿长与〈山海经〉》   148
- *003* 读《红楼梦·黛玉进贾府》   164
- *004* 读《史记·项羽本纪》:热血楚霸王   172

附录二

- *001* 我们应该怎样读书   181
- *002* 关于学科C位，大语文的内心独白   191
- *003* 邵鑫老师答疑实录   195

读书如何得法

2021 年 8 月 28 日

今天我们来聊一个话题,叫"读书如何得法"。

我先解释一下这个话题的由来。十年前我还在北京大学中文系读书,系里有位漆永祥教授,他还有一个身份是高考资深阅卷人,到现在为止已经参与或主持高考语文阅卷三十多年了。我记得漆老师在很多场合都说过一句话:"高考中几乎所有的语文学习问题都可以归为一句话——读书不得法。"所谓"不得法",就是方法不对。正因为学生们读书的方法是错的,才导致学语文的时候花了好大力气,结果却不如人意。平时我也看到很多同学非常苦恼,他们学习语文非常努力,但结果令人沮丧。同样的精力花在其他科目,成绩可能早就上去了,可语文就是不太行。所以呢,我今天就想具体讲一讲:读书如何得法。

围绕这个主题,我着重讲三个大家特别关心的问题。

第一，**如何有效读书**：读书的作用是什么？或者再功利一点讲，它到底可以给我们的学习（特别是语文学习）提供什么帮助？

第二，**怎样正确摘抄**：几乎每一位语文老师都会告诉我们要好好摘抄，但是摘抄了那么多，语文学习好像也未见起色，那到底怎样摘抄才是对的？

第三，**怎样正确仿写**：我们在考试的时候极少考仿写题目，那为什么我们平时要练仿写，到底如何仿写才是有效的？

这三个问题有不同的侧重：第一个问题更大，讲我在读书方面的整体理念和方法论，后两个问题相对具体——第二个问题侧重讲读书时如何积累，第三个问题侧重讲读书如何运用。

一、如何有效读书

现在大家生活条件好了，不少家庭都给孩子买了很多书，孩子们也确实读了不少。但看了半天，效果仍然不好，主要表现为三点：第一，读了很多书，但是思想仍然很幼稚。第二，看了很多书，但共情能力仍然很差，明明文章很感人，但孩子却无法体会到。第三，学习能力没有什么提升，语文成绩还是没有提高。这三个表现，特别是第三个，大家是不是感同身受？

其实这里面有一个很值得思考的问题：为什么说读书能帮我们学好语文？如果没有把读书和语文学习的内在逻辑关系想明白，我们就只是在盲目读书。做任何事，一旦盲目了，就很难走到正确的道路上。

让我们冷静分析一下：语文考试到底在考什么？

如今的语文考试已经不再单纯考查大家的识记背诵能力了，这是语文学习最基础的要求。只要你是一个认真学习的同学，严格完成规定的背诵与默写任务，这个部分便不会有任何问题。在如今的语文考试中，真正能拉开考试差距的是阅读和作文，那么，阅读和作文本质上又是在考什么呢？

先来说阅读。阅读最常考题型就是四种：概括、赏析、作用、理解。这四类题型当中除了概括题需要去原文查找答案，其他的三类题型主要考的是两种能力：分析能力与审美能力。

第一种能力是分析能力。分析作者为什么在此处用某个词，分析某个句子在文章里面的用意，分析作者为什么要写这篇文章，等等。语文绝不是一个纯考记忆的科目，它特别考察你的逻辑分析能力。这也是我特别喜欢语文的原因之一。我从小就是个推理迷，我认为阅读的过程就是在分析作者的心理和情感，它本身就是一个推敲人心的过程。很多人之所以总是做不好阅读题，就是因为分析能力不足。甚至有同学错误地以为答阅读题目就是要表达自己的想法，结果答案写得天马行空。

我可以从逻辑上证明一下这样做的荒谬之处：如果一道题是让你写自己的感想，那这道题就不可能有标准答案，因为每个人的感想不可能一致；反过来说，既然阅读都有标准答案，也就证明答案是有凭有据的，要依靠分析推理得出。所以在做阅读题的时候，只要你的答案是自己的感受或想法，那就一定不是正确答案。要知道，阅读从来不是让你表达自己，而是让你理解别人。

阅读考查的第二种能力是审美能力。文学本身是一种艺术，艺术的形式多种多样，只是载体不同：文学以语言文字为载体，绘画以颜色线条为载体，音乐以音符节奏为载体……文学既然是一种艺术，它首先就是有美感的。在今天，审美能力是很多孩子非常欠缺的一种能力，而阅读文学作品是培养孩子审美能力的重要途径。很多孩子看书的时候觉得这本书没意思，其实就是没有努力去体会这里面的美感。为什么做阅读经常让你赏析某个句子好在哪里？就是在考查你的审美能力。可问题是，当学生丝毫不觉得这个句子美的时候，哪怕他熟背再多的套路和术语，说的也全是违心的话，答的也只是假大空的壳子，当然得不到分数。

所以我认为，阅读最核心的能力就是分析能力和审美能力。在阅读一篇文章或一部作品的时候，你能不能把它分析得透彻，能不能感知到它的美妙之处，才是你最应该关心的问题。

说完阅读，再说说作文。写作文的核心能力是什么呢？很多人以为是语言组织能力，其实不然。考场作文跟文学写作是两码事，考场作文的阅卷时间是非常有限的，它主要看两点：第一，文章是不是符合题目要求，审题和立意是否精准；第二，文章有没有真情实感。大多数的孩子作文写不好，核心原因是没有真情实感。我不止一次碰到学生问我这样的问题："老师，这作文我能编吗？"其实，写人记事的作文到底是不是编的，一点都不重要。哪个作家不虚构呢？写文章的时候，我们可以对人物、情节进行一些艺术加工，使它们更能体现我们想要表达的情感思想，这就叫艺术源于生活但高于生活。但如果你的情感是假的，你不管怎么写，都无法打动读者，这才是今天很多孩子写作文最大的问题。

所以我说，问题不出在事情能不能编，而出在你的情感是不是真。如果情感是真的，哪怕事情是编的，写出来也像真的；如果情感是假的，哪怕事情是真的，写出来也像编的。

那怎样才能有真情实感呢？这就要看你有没有强大的感受力，我认为**感受力是写作的第一项核心能力**。什么叫感受力？就是我们在日常生活中经历的事情，或是我们平时读到的书，有没有真正地触动你的心弦。我记得小时候听过崔健的一首摇滚，歌名叫《让我在雪地上撒点儿野》，里边有这样一句歌词："给我点肉，给我点血……因为我的病就是没有感觉。"如果我们学习已经学呆了，对身边的很多事物都很麻木，那么这是不对的。我们不是行尸走肉，是有感情的、有血有肉的人，我们应该把自己的感官和思考打开。每一个同学都是如此，你是一个有血有肉的人，但你对自己经历过的生活，对自己读过的书，有多少细微的感觉呢？

在今天，感受力丧失得太严重了。比如在读书时，很多人注重的是书本的知识点、故事的结局，却没有把自己放在书的世界中去感受、去体会。《论语》里有一句话叫"欲速则不达"，你越想快的时候，结果越糟糕，不如慢下来，静下来，放下速度，用心感受，这样的你才是在生活，而不是在走过场。作文是什么呢？其实就是请你把对生活的感受写下来。有感受才有真情，这就叫**真情实感**，只有真情实感，才会让文章真切动人。

作文的第二项核心能力是表达力。写作的**第一步是感受**，有了真情实感，可以做到有感而发，那么**第二步就是把感受表达好**。怎么才能把它更好地、更有美感地表达出来，这就要看你的表达能力了。有的人给别人讲故事，自己觉得一肚子话要说，但讲出来别人却不感兴趣。这就是因为他只有感受力而欠缺表达力。

总结一下，我认为语文学习有**四大核心能力：分析能力、审美能力、感受能力、表达能力**。缺乏了任何一种能力，你的语文学习都会出现问题，大家现在想一想这四种能力，你具备哪一种？哪一种还有所不足？

如果你想通了这些，我们再回过头看，为什么我说读书是学好语文的不二法门？因为**读书归根到底就是对分析、审美、感受、表达这四种核心能力的训练**。换言之，也只有以这四种能力为目标而进行训练的读书，才是正确有效的读书。

第一种能力是**分析能力**。拿到一本书后，一定要一边阅读一边分析：这个作者写这个部分是想表达什么？他为什么要这么写？文章的前后内容之间到底是什么关系？

举个例子。《搜神记》里有一篇《三王墓》，讲到干将莫邪的故事，里边有个小细节，说身为铸剑师的父亲被楚王杀了，儿子长大之后有一天就问妈妈："吾父何在？"（我爸爸在哪里？）我在读到这里的时候就会停下来思考分析一下，因为这句话明显是不符合常理的。一个小孩怎么可能在他长大成人的时候才突然间想到：哎，不对，我是不是有个爸爸？爸爸去哪儿了？既然不合常理，作者为什么要这么写？我们就可以推测和想象一个合理的场景，尽管这个场景作者并没有交代：小时候，孩子一定曾经问过他的母亲："我的父亲是谁，他在哪儿？"而他的母亲回答他说："等你长大的那天我就告诉你"。于是当孩子长大成人，他又来问母亲。于是我们可以知道，在文章的实际写作中，这个部分被省略掉了。这是一个非常漂亮的省略，它可以使文章的推进更加迅速，节奏更加紧凑，这就是分析文章的妙处。但如果你不去动脑分析，文章里边的很多东西你是看不出来的。

经常有人问我怎么做到每本书都能读出不一样的东西，其实我读所有的书都是一个方法，"吾道一以贯之"，那就是**带着思考去阅读**。我们读书要学会分析，多动脑思考。读书一定是带着脑子去读的，不要只带着眼睛去读。如果你只想知道故事的情节，只想知道结局谁赢了谁死了，这就是只带眼睛读。读书不带脑子，哪怕你读得再多，也只是读个热闹，是不可能培养出强大的分析能力的，当然在语文学习中也见不到成效。

第二种能力是审美能力。你在读书的时候，有没有觉得哪个地方写得让你拍案叫绝？可不可以停下来仔细思考体会一下，作者是用什么方式把它写得如此精彩的？比如我在读《水浒传》的时候，就会不断地问自己这儿为什么要这么设计，那儿为什么要那么写。大家记不记得写鲁提辖打镇关西的时候，那三拳是怎么打的？第一拳打在鼻子上，好像开了个油酱铺子，各种味道都滚出来了。为什么偏偏比喻成个开铺子的？因为镇关西就是个开肉铺的嘛，写鲁达揍一个开肉铺子的，第一拳把它揍成一个开油酱铺子的，多好玩。第二拳打眼睛，一拳打下去之后各种颜色都出来了，又给揍成了一个开布料铺子的，这想象力绝了。第三拳打在太阳穴上，脑袋嗡嗡响，直接打死了，当然也开不成铺子了，于是说简直就像是做了一场法事，好像在给他开追悼会一样。像这些地方就写得特别的漂亮。但如果你读书只是去看热闹的话，你只会看到鲁达第一拳把镇关西的鼻子打翻，第二拳把他的眼睛打瞎，第三拳把这人打死了。结果，看完这个故事你除了学习到一点打架斗殴的技巧之外，没有得到任何东西。读书的时候，一定要从审美的角度去寻找到那些精彩的文字，这样你读书就不是件苦差事，而是一种享受，是一种幸福。

第三种能力是感受能力。我们读的每部作品都构建了一个鲜活的世界，文学里的世界跟我们现实的世界是非常像的，里面的人物身上都有我们自己的影子。今天有些小孩情感比较淡漠，我想他在读书的时候很少会有自己的感受。他看安徒生《卖火柴的小女孩》的时候也许会笑出来，他会觉得这女的真蠢，都快冻死了，为什么不知道划根火柴呢？这就是缺乏感受力的表现。安徒生写这个作品，不是为了提醒你：假如你有天快冻死了，一定记得及时划火柴。一个这么可怜的、跟你的年纪差不多大的小女孩，在饥寒交迫的时候连一根火柴都不敢划，这说明什么？说明她一旦划了这根火柴，虽然今天晚上能活下来，但天亮后的遭遇她将承受不起，甚至生不如死。正是这种恐惧让她连一根火柴都不敢划，最后活活冻死，这是一个多么让人心酸的故事。

如果你真的会读书，你应该带着同情心与同理心去读这个故事，你应该设身处地地思考和感受，如果你是这个小女孩，你的心情是怎样的？如果你能感受到有些事会让自己的内心难过成什么样子，你就不会忍心让别人受到同样的伤害。我以前讲过，校园霸凌的核心问题在于很多孩子没有共情能力，他们觉得欺负别人是无所谓的，他们不会对弱小者内心的无助和恐惧感同身受，没有人教他们好好读书。说白了，连《卖火柴的小女孩》他们都没有读懂过。

真正的读书是要培养感受力的，要慢慢打开我们的情感触角，更细致地品味生活中的情感，更细微地感受世界的多彩，自然就多了许多写作的素材。就像真正懂音乐的人，不仅仅是在听旋律，而是在听旋律里的情感，所以很多人会被一首乐曲感动到哭泣。同样，书中也是有感情的，作为读者不要游离在外，不要像看笑话一样看别人的故事，而是要融入其中，用心感受。

第四种能力是**表达能力**。一个人的表达能力绝不是凭空创造的，牛顿都说自己是站在巨人的肩膀上，孔子都说"思而不学则殆"，你为什么要指望自己完全凭天赋来写作表达呢？作文写不好，很大程度上是因为你根本没有思考过好的作品是怎么写的。如果你真的慢下来思考、研究、分析、模仿，自然逐渐会知道怎么写出好的文章。你看朱自清写《背影》的时候，他不写父亲哪方面强，哪方面厉害。他说我爸爸是个胖子，甚至有点嫌弃爸爸太失败，去买个橘子，笨得要命，爬月台都爬不上去。但是这个爸爸越是失落、越是笨拙、越是悲惨的时候，他对儿子的爱就越让人感动。那大家再想想，你是如何写自己的父亲的呢？很多同学提笔就写自己爸爸特别厉害、全世界最棒，那你所写的这种父爱根本不打动人。真正打动人心的，不是一个伟大的全能的父亲，而是一个笨笨的父亲，甚至有点失败的父亲，虽然他又胖又笨又失败，但是他总是全心全意地为你付出全部，笨手笨脚地用力爱着你，这种爱才让人感动，让人心疼——这才是高级的表达方式。如果在阅读《背影》的时候，大家没读懂这种深刻的父爱，没有体会到这种表达方式的巧妙之处，轮到你写作的时候，你自然也用不上这样的方法。

所以我总说，**读书是靠脑和心的行为**，不是靠手和眼的行为。说到这里，大家再回过头来想，为什么你读了那么多书，思想还是很幼稚？答案很简单，因为读书的时候你并没有认真思考。那些经典的作品背后传递的是作者对这个世界的认识、看法，对生命的体验、个人的情感，而你们往往看的是好玩的故事、有趣的情节。真正有意义的读书不是看热闹，而是带着脑子去思考，带着心去感受，只有这样的读书才可以使你的思想水平、共情能力得到提高，才能系统地提升你的语文学习能力。

语文是一门关于生命体验的学科，任何一个国家的母语学科都不仅仅是一门学问，**它还关系到一个民族的思维和情感的结构方式**。从大的方面说，我认为读书和学语文至少有两方面意义。

第一个意义是明理，即明白事理。明白什么是对的，什么是不对的，什么是应该做的，什么是不该做的。真正的明理是你通过读书获得的心灵升华，而不是别人跟你空谈的一些大道理。比如《三王墓》的故事里，干将给楚王铸剑做了足足三年，工期实在太长了，他觉得去交剑的时候楚王一定会气得杀掉自己，那他还去不去呢？要不要携剑潜逃？干将最后还是选择去交剑，同时他跟怀孕的妻子说，如果生了儿子，记得让他替我报仇。今天可能有些人觉得很搞笑，你先去送死，再让儿子去报仇，你这是图个什么，直接逃跑不就得了嘛？但我在这里读到的是一种价值观：很多时候，我们控制不了别人做什么，但是我们可以控制自己做什么。楚王要杀我，我可以选择让儿子报仇；但我作为一名铸剑师，如果因为怕死就不去交差，那就是我的错。无论如何也要全力完成自己的使命，而且恩怨分明，这就是干将认知世界的方式，也是中国古代人了不起的价值观。

　　这里面的道理其实离我们并不遥远。有的同学经常跟我说："老师，我觉得我这么努力学习也没什么用，清华大学、北京大学每年才招几个人呀，我都不一定能考上清华、北大，这个几率太小了，还是算了吧。"罗曼·罗兰写《巨人传》的时候讲过一句话，他说："这个世界上只有一种英雄主义，就是当你认清了生活的痛苦真相，还仍然热爱它。"也许结果是失败的，但你还是会拼尽全力，完成属于自己的使命，因为只有这样，你的人生才无怨无悔，这就是读书传递给你的价值观。==通过读书明白做人的道理，这是读书真正给予我们的东西，也是读书真正的意义所在。==

　　第二种意义是共情，即体会到文字背后的情感。经常有同学觉得真

11

情实感太难得了，学习生活非常单调，自己连世界都没观过，哪来的世界观？其实，我们对这个世界的认识、对心灵的开发，靠的是两种经验：一种是直接经验，比如与家人一起解决问题，让你懂得了亲情的可贵，这些是你亲身经历的事。还有一种是间接经验，虽然你没有亲身经历，但是别人亲身经历过后，把他的经验和情感写到书里，你再通过读书收获到这些经验。这就像是武侠小说里的传功，虽然我自己没有习武，但是别人把他70年的功力传授给我了。我们读书就像在吸收别人的功力，然而很多孩子读书的时候是在看热闹，这是远远不够的。

人生的道路是很短的，而且我们能够经历的惊心动魄的事情极其有限，可能有的人一辈子也无法经历一件真正触及灵魂深处，或让他脱胎换骨的大事。但是在书里，我们可以经历无数次。会读书的人可以感受千万种精彩人生，不读书的人最多只能活一次。如果不读书，那么你的经验是非常单薄的，生活只有自己那一亩三分地，身边只有抬头不见低头见的几个朋友。所以哪怕是抛开学习语文的现实需求，我也认为读书是特别重要的事情。本来孩子上学就是应该去读书的，结果现在大家上学的时候都在拼命做题，却很少有人认真读书，这是非常值得我们反思的事。古人根本没有我们今天这样的条件，但是他们的读书成就比我们今天要高得多。归根到底就是因为他们的心思都扑在书上，他们没有别的选择，反而使得认真读书成为了他们唯一的、也是最正确的选择。

读书要沉下心来，不要急躁。欲速则不达，这句话就是说给读书人听的。你越想快，你越不会动脑子，你越不会动心思，结果你就没有思考，没有体验，没有情感。这样读书算是白读，还不如不读，这和看一场干巴巴的电影、玩一场闹哄哄的游戏没有多大区别，也派不上什么用场。我一直强调,大家要多思考,多提问,尤其要**多问"为什么"**。其实,"为什么"这三个字是我在北京大学中文系读书七年学到的最宝贵的三个字。别的东西我觉得都是次要的,甚至忘掉了都没关系,这三个字才是我最重要的收获。读书的时候,你必须一直动脑子去想,作者为什么要这么写,为什么要这么说?如果你想明白了"为什么",我接下来要讲的两个问题——应该怎么摘抄以及应该怎么仿写——自然也就清楚了。如果连为什么要摘抄和仿写都没想明白,你是不可能知道要如何去做的。也请大家将来在思考所有的"怎么办"之前,都先问一问自己"为什么"。

我还想提醒各位,所有不用动脑子、不用花时间就能完成的事,绝对不会给你带来真正意义上的成功。轻松愉快又能一招制敌的捷径根本是不存在的,你必须得认准方向,然后扎扎实实花时间去做。我前两天在我们一个读书交流群里讲,书要自己扎实读,不要只是听人讲。有时候你听别人给你讲了一本书,立马觉得眼界开阔了,人生升华了,但那只是错觉,过上一个月你还是啥也不知道。原因就是你并没有投入自己的时间、精力和思考。这个世界上最宝贵的就是时间。如果你想在一件事情上具备真正的竞争力,就请务必把你最宝贵的时间和精力投入进去。反过来讲,不愿投入时间和精力的播种,是不可能真正有所收获的。

永远不要去迷信那些所谓的包治百病的东西。做一件事情,你觉得人家曾经如何做成过,于是我就这么做。这样的做法其实是你的脑子在偷懒,最后导致你事倍功半,甚至没有任何的效果。千万不要在思考问题这件事上偷懒,人区别于其他动物的一项重要能力就是思考能力。如果你连思考能力都懒得去增强,你就注定在竞争中没有优势。思考能力才是你的核心武器。如果没有深度的思考，学习也只不过是一种自我麻痹，依然是浪费时间的一种行为。很多人一直学习很努力，最后成绩没有提高，就是这个原因。费力不费心的努力即便是骗得过自己，结果也会证明一切。

我念书的时候不算是一个特别刻苦的人，至少不是最刻苦的。上课我就认真听讲，课间我就正常休息，称不上争分夺秒，只是不浪费时间而已。但是我身边有一些同学，下课之后依旧趴在桌子上继续做题，每天早上不到五点就起床，夜里学到凌晨一两点钟，甚至拿冷水洗头让自己保持清醒。但是为什么有些人就是学不好呢？我想，多半是因为他在学习的时候，缺少了深度思考，因此事情做了半天，却一点用都没有。他做有些事只是在拼命把时间填满，从而让自己获得某种心理上的安慰，表面特别努力，实际毫无意义。事实上，做每件事之前，你都应该尽可能**想清楚它对你的帮助是什么**。如果它对你没有帮助，花的时间再多又有什么用呢？你天天趴在那做卷子，你也不知道你为什么做这套卷子，你只知道我要做卷子，我要学习。这个叫下功夫吗？这个叫**"明功夫"**，是表面都能看到的，明功夫没有用处。真正有用的功夫是动脑子的功夫，这个叫**"暗功夫"**。高手用功的地方是你看不见的，比的都是暗功夫。

二、怎么正确摘抄

回答这个问题之前，先要想清楚我们为什么要摘抄？摘抄在什么情况下对我们是有意义的？抄的好词好句怎么用呢？这些问题如果没有想清楚，那摘抄实际上也是自欺欺人。

所以，还是要从根本上思考一下，我们到底**为什么要做摘抄**呢？不要再说因为老师让我做摘抄这样的理由，这都是做事不思考的表现。我认为，摘抄首先就是培养你的语言审美能力，知道什么文字是好的，什么文字是有用的。所谓"有用"，就是这些文字能够提升你的语感和审美能力。以前我读书的时候，读到一些句子或段落，拍案叫绝，艳羡不已，心想这写得也太漂亮、太高级了，要是我能写成这样该多好！于是赶紧把它摘抄下来，反复诵读、揣摩，想着什么时候写文章可以模仿一下，亮瞎别人的眼。

其实语言和语感的习得，很多时候靠的是模仿，比如，我们在国内苦学英语多年，不如把你扔到一个讲英语的国家，可能不出三个月你的英语就会变得很厉害。语言本身是一个靠模仿习得的东西，而摘抄就是把那些自己喜欢的，且具有很高语言审美价值的东西汇集在一起，再经常拿出来反复观摩，最后你自己的语言风格就会慢慢地朝着你所摘抄的方向靠拢。这就是摘抄真正的作用。

所以为什么大家做了摘抄却没有用呢？第一，你根本不知道你的摘抄的意义。第二，你摘抄完了之后你没有使用它。摘抄不是为了应付老师的检查，不是为了成为炫耀的谈资。如果不拿出来读，不拿出来体会，不拿出来品味，这样摘抄就不会增长自己的语言能力，写文章时依旧使用的是生活中的大白话。

三、怎样正确仿写

仿写的核心是去研究语言的基本内在结构，通过学习和使用这套语言结构来写一段话，这个就是仿写。在我看来，仿写的本质意义在于模仿优秀的语言结构。

15

我一直在讲"结构"这个词,我希望大家牢牢记住结构这个词语,也许今天你还不懂它的意思,但是也许有一天你会突然明白它的含义。这个世界上,专家之所以成为专家,就是因为他有一双能够看透结构的眼睛,不是专家的人只能看内容。这就是所谓的"外行看热闹,内行看门道",门道就是结构。什么叫看结构?假设我是一个人口普查的专家,别人看的都是我们有多少人,但我会看人口结构,在我们这么多人当中,男的占多少比例,女的占多少比例,老年人占多少比例,青少年占多少比例,中年人占多少比例。结构就是部分和部分之间的关系,也是部分和整体之间的联系。《庄子》里面有一个特别精彩的故事叫"庖丁解牛"。那个厨师的厉害之处就在于他看的是牛的身体结构,他说,我的刀从来碰不到牛的骨头,因为我永远从牛的身体结构的缝隙里切开,游刃有余。所以,一个真正的专家永远是看结构的。

在听我讲课的很多人都是各个领域的专家,有你们自己的擅长的专业。请各位想一想,你为什么在某个领域里是专家?因为你熟悉结构。假如你是一个修车的,你拿到一台车的时候,通常不是逐个去看车子的零部件,而是看整台车的结构。我虽然不会修车,但是我知道原理一定是这样,因为大道是相通的。

学语文也是一样,我们为什么要仿写呢?因为语言也是有结构的,每一句话由几个小句子组成,这几个句子之间的相互关系,这几个句子是描写还是叙事,是说明还是议论,句子的逻辑是从远到近还是从上到下,是从里到外还是从大到小。这些都是重要的句子结构。通过仔细阅读那些出色作家笔下的千锤百炼的经典作品,你会发现无数结构精巧的段落。而我们学习仿写,就是==去学习别人的优秀语言结构==,而不是去学词汇。

  在读书的时候，你有没有分析优秀作品的结构，有没有分析某一个段落的结构？大冬天出门时，我看到了外面的世界，我该如何用文字描写？我是先写什么，后写什么？这个时候如果你没有分析过优秀的结构，你的写作就只能从自己脑袋里凭空抓取。所以我常说，读书时如果没有深入的分析，就不会有优秀的仿写；如果没有模仿，你一直都在"原创"，除非你是天才，否则你原创的东西一般都处在食物链的最底端，而成功者总是站在前人的肩膀上。

  所以你不要指望什么都靠自己原创，这就变成了孔子说的"思而不学"。"思而不学"就是指天天自己琢磨，从来不借鉴别人的优秀经验。这样做的结果很危险，也很疲惫。当然你也不可以"学而不思"，"学而不思"就是只知道读书，照搬照抄，却不思考为什么。结果你读了这么多书，思想依旧如此幼稚，共情能力依旧很差，这就是"学而不思则罔"。所以大家不要小瞧了古代经典里的智慧。

  说到这里，顺带讲几句题外话，大家今天很多的困惑，其实在经典作品里都能找到答案。有时候你经历越多，越会觉得有些耳熟能详的老话说得太对了。以我自己为例，这些年我深刻地体会到什么叫"教学相长"。我给你们讲一本书，很可能今年讲的东西跟去年不一样，这是因为我在教你们的同时，我自己也在学习进步。我们就是在这个过程中不断地把自己更新迭代，就像刷新升级系统，这是很有意思的一件事。再比如，经常有同学来问我问题，但其实很多时候，有些问题是没必要问我的，如某个字怎么念、某本书在哪里买。我更希望同学们自己学会使用一些基本工具去搜寻答案，先自己动脑思考。<mark>真正的好问题是你动过</mark>

脑子后百思不得其解的问题，如果没有动脑子就提出的问题，不好意思，请你先回去自己思考。

这其实也不是我的原创，这是孔子的主张。孔子说："举一隅不以三隅，反则不复也。"孔子教学生的时候，如果发现这个学生不能举一反三，他就不教了。因为假如这学生不会独立思考，老师教得再多都没有用。我教给你的有限的几个知识点有什么用呢？这个世界上知识点是无穷的。除非我告诉了你某个知识点，然后由这一个知识点的逻辑逐渐延伸，你能理解收获其他知识。这才是真正有用的东西。孔子说："不愤不启，不悱不发。"如果你没有百思不得其解，没有苦思冥想过，谁都帮不了你。

大家要重视学和思之间的辩证的关系，包括怎么用好你的老师。你每天坐着听老师讲一次课，并不代表自己的学习任务就完成了，学习最终还是你自己的事情。以前我做线下校区，在大门口我写过几句话，第一句话就是**"学生是学习唯一的主人"**。这个道理很多人不懂，今天我还是要把这句话送给各位家长和孩子：你们不是孩子学习的主人。家长们不要寄希望于自己，我自己先学会某个东西，然后再去教孩子。你们这样的做法相当于在小孩学走路的时候，强迫他永远使用拐棍。结果呢，小孩在很长一段时间，甚至一辈子都只能拄着拐走路，等到有一天拐棍被拿走，他就会摔倒，而且越往后拖，他越不会走。学习是学生自己的事情，要让学生自己学会动脑子，学会主动学习，学会独立思考。

总结一下，我总共讲了三个大问题。**第一个叫做怎么有效读书，第二个叫做怎么正确摘抄，第三个叫做怎么正确仿写。三个问题合起来，**

就是<u>读书如何得法</u>。在这三件事情上，你最终要指望的是你自己，好的引路人当然也是必要的，就像你最终要独立行走，但一开始学走路的时候，你旁边得有个人带着你，然后你慢慢地脱离他，这是最好的状态。这个过程中也会存在两种错误状态：一种是我永远被他扶着走，他不扶我就不会走；还有一种是我永远在地上爬，根本没有人扶我。我认为一个好老师绝对不是把学生送到终点，而是把学生送上起点。老话说："师傅领进门，修行在个人。"这也是中国人的传统智慧。所以，一定要找到一个好老师领你入门，入门后的事情也一定要自己去做。别人替你做的，永远不是你的。我希望各位能够想明白这个道理。

这也是我做读书会的初衷。我认为真正的读书会就是有懂怎样读书的人带着你入门，手把手地、逐字逐句地和你一起阅读原文，给你分享他的体会，启发你的思考。我希望大家去做一些扎实读书的事，而不是凑热闹，或者自欺欺人。

此外，我想提醒大家怎么选书。选书是很多人的一个困惑，今天我们能接触到的书实在太多了，时间有限，选哪些来读呢？我自己读书的时候只选经典。==什么叫经典？就是值得反复思考和反复感受的作品，这些书能在人生的不同阶段读出不同的感觉，这种作品被称为经典。==经典是经过时间检验留下来的，时间就是你最好的选书官。

人生苦短，我建议你可以少花一点时间在你不确定的作品上。记得当年我读某位作家的作品，这位作家就曾借小说人物之口说过，死后不足 30 年的作家的作品我是不看的，因为读没有经过时间检验的书，有可能会浪费生命。当然，我们不必要如此极端，但这极端背后自有一点点道理。==能经过时间的淘洗保留下来的作品，才是真正值得你投入时间反==

复阅读的作品。

读书的核心问题就是很多人不知道读什么、为什么要读、怎么读、读完怎么用，希望我的分享能够帮助大家对上述问题有所思考。

怎样引导孩子有效读书？

2022年2月12日

寒假读书会期间，我收到很多反馈。有的家长很兴奋，说孩子在参加读书会之后变化非常大，以前从来不爱看书，现在不但爱看了，而且看得很有质量，能够主动提出一些问题，主动写读后感，做读书笔记，甚至模仿所读的作品进行文学创作。也有家长提出一些困惑，希望我能集中做一次解答，于是就有了如下的分享。

今天分享的主题是怎样引导孩子有效读书，具体来说，我想重点谈三个问题。

第一个问题是**怎样培养孩子的读书兴趣**。不少家长是很重视读书的，也给孩子买了很多书，但有些孩子就是不读。都说兴趣是最好的老师，但是孩子就是没兴趣怎么办？

第二个问题是**怎样读书才有效果**。孩子们毕竟要面对学习和考试，怎么才能让读书这种课外行为推动孩子在课内的学习？

第三个问题，**如何安排读书时间**。总有家长说，我家孩子好忙，没空读书怎么办？还有家长说，既然读书那么重要，是不是为了留出时间读书，就别让孩子干别的了？其实，这些都涉及到读书时间的安排。

以上三个问题是普遍存在于家长群体中的共性困惑。接下来，我们就逐个探讨。

一、怎样培养孩子的读书兴趣

首先说说读书兴趣的问题。熟悉我的人都知道我很爱读书，爱到什么程度呢？有时候为了读书，饭也不想吃，觉也不想睡。这真不是夸张，读书正过瘾的时候，你跟我说该吃饭了，或者得睡觉了，我真是老大不乐意，只想捧着书继续读。这个现象其实在很多玩游戏上瘾的孩子身上也很常见，区别只在于他们沉迷的是游戏，而我沉迷的是读书。如果说我比很多人读书多一点，书读得透一点，首先就因为我有浓厚的读书兴趣，能够从读书中获得快乐。

这点其实非常重要，却也极容易被忽略。有很多人一面说着"兴趣是最好的老师"，一面做着抹杀孩子兴趣的事。我希望家长能把提升孩子的读书学习兴趣当作首要任务。因为读书学习是一件长期的事，越是长期，就越要靠耐力。什么东西能给你提供耐力？除了体力之外，就是兴趣。体力保障的是物质条件，兴趣提供的则是精神动力。

关于培养孩子的读书兴趣，我给大家四条建议。

第一条建议，要学会引导。什么叫引导呢？就是你要想各种办法来激发孩子的兴趣。比如我可以和孩子约定，只要这个星期他能够每天坚持读书半小时并跟我分享他的收获，就可以得到一个他很想要的奖励。

这就是其中一种引导的方法，类似钓鱼，你看他喜欢什么，对什么感兴趣，就要想各种办法把它和读书进行关联。再比如，我们会发现，一个孩子喜欢哪科的老师，他往往哪个科目就学得好些，如果他特别讨厌某个老师，这个科目一般都学不好。这就是因为我们在学习的最初阶段，兴趣往往是由老师来引导的，只要认可和喜欢这个老师，那跟他学什么都会觉得有意思。

引导的方法有很多种，我主张，为了引导孩子读书的兴趣，可以"无所不用其极"。也不仅仅在读书方面，想做好任何事，最重要的都是兴趣两个字。最近谷爱凌频频上热搜头条，大家有没有想过为什么一个十几岁的小女孩哪怕摔断了骨头，也还愿意继续滑雪？她不是靠报班，不是靠家长鞭策，而是靠两个字——兴趣。所以老话才说"兴趣是最好的老师"。但很多家长反其道而行之，只想要结果，为了让孩子按自己的要求来，不管三七二十一，不做就拿鞭子抽。殊不知，这种方式恰恰把孩子的兴趣给扼杀掉了。

第二条建议，重视好奇心。我经常说，读书就像破案，我每次读文章，都感觉自己在当名侦探。阅读的时候，我会分析这个作品到底要表达什么，作者为什么这么写。就好像到了一个案发现场，有很多微妙的线索，而真相正等待你的探寻。这是一个非常吸引人的事情，我从小的读书兴趣就是这么来的。其实很多孩子都很聪明，他们的逻辑思维能力很强，可他们往往以为阅读是一件靠感觉的事。我就不这么看。我一直认为，分析作品靠的是你对逻辑（"理"）和人心（"情"）的把握。正所谓"人同此心，心同此理"，分析不是凭空做的，而是要运用到你的同理心、同情心。是什么力量让你能够保持分析的热情？我认为是好奇心，是读书时想要探知真相的欲望。好奇心是人类进步的原始动力。

第三条建议，用心感受。文学作品的背后是人心，是人性。作品可以跨越时间和国度，但不会违背人心和人性。尽管我们今天的生活环境比起从前改变了很多，但不管往前推几十年、几百年，甚至几千年也罢，人性总是不变的。读书的时候，要学会把自己的心打开，沉入作品里进行感受，也要学会从书里走出来，回归身边的生活。比如前些天，我讲了《左传》里的一篇故事《郑伯克段于鄢》。郑庄公出生的时候妈妈难产，妈妈就不喜欢他，给他起了个名字叫寤生，意思就是难产。庄公的弟弟叫段，生得非常顺利，也更讨他妈妈的喜欢。这个故事就讲他妈妈厚此薄彼，弟弟恃宠而骄，哥哥心怀怨恨。这个故事发生在公元前700多年，距离今天已有3000年，但类似的事情今天还在发生，只不过有的发生在家庭里，有的发生在学校里，有的发生在公司里而已。读书有个重要的功能，就是帮助我们更好地了解人，了解人的情感特点和处事方式。能够意识到这一点的人，也会在读书中找到很多快乐。

第四条建议，动笔表达。读书要读到心里去，既然心里有东西，就马上写一点出来，无论感受、思考，随便什么都好。让孩子养成读书以后随手写点什么的习惯，这也可以激发他的读书兴趣。有句话说，文章总是自己的好，你让一个孩子看别人的作品，他可能看一遍就烦了。但如果是他自己写的，他可以觉都不睡，抱着翻来覆去地看。如果你想要培养他的读书兴趣，可以多鼓励他读完以后写点东西。

给大家举个例子。寒假读书会的最后一次直播，我领读的是朱自清的《冬天》，那篇散文的几个段落表面看起来是风马牛不相及。第一段讲的是从前父亲给我们煮豆腐吃，第二段回忆我和朋友们在月夜的湖上划船，第三段讲我和妻子在外地的某段经历。但实际上这三段背后讲的是人生路上不管亲情、友情还是爱情，难免会遭遇挫折，但曾经拥有过的那些美好，总会在人生的寒冬里给我们以温暖。文章的最后一句说，"无论怎么冷，大风大雪，想到这些，我的心上总是温暖的。"在读完这篇文章之后的第二天上午，有个妈妈在群里发了一组照片，是孩子主动写的读书感受，这个妈妈说孩子写的东西把她和爸爸都看哭了，当晚他们一家就理性而坦荡地聊天，一起剖析自己的内心，勇敢面对自己的脆弱，一起想办法解决家里遇到的各种问题。

我觉得这就是最好的读书状态。能和所读内容产生化学反应，这是最厉害的。很多人读书只是物理反应，就是虽然书读完了，知道了些什么，但你还是你，书还是书。那个孩子写的东西让群里很多家长都热泪盈眶，并非是用词多么华丽，或故事多么生动，而是因为读书使她的心灵产生了变化，引发了大家情感的共鸣。我觉得这才是真正的读书。这篇文章已经融入到她自己的生命中，这样的变化足以让这个孩子对读书产生浓厚的兴趣了。

所以，如果你在读书的某个时刻非常感动，请把你的感动写一写。不要追求写出多少字，写出来能得多少分，能不能投杂志发表——不要追求任何结果，只要表达你的心。事实上，当你有话可说的时候，写作也会水到渠成。情感远比技巧更加重要，开头怎么写才更漂亮，结尾怎么升华，那都是一些小技巧，并不是写作的根本。

总结一下，刚才我给出了提高孩子读书兴趣的四点建议。首先是要学会引导，因势利导。假如孩子喜欢苏东坡，你就让他多读苏东坡的书；假如孩子不爱读鲁迅的书，你就先想办法让他喜欢鲁迅。去年国庆节，我带一些孩子去浙江绍兴研学，那里是鲁迅的老家。我们去看鲁迅的祖宅，鲁迅的学校，鲁迅当年穿的那些小衣服，鲁迅读过的书，鲁迅写的笔记……到处都是鲁迅。结果，那些孩子对鲁迅产生了浓厚的兴趣，回来之后读了很多鲁迅作品，鲁迅成了他们最喜欢的现代作家。这也是引导。其次是重视好奇心，还要用心感受。如果读文学类的书，一定要学会从分析推理中找快感，从共情中找快感。就像我们去影院看电影，要么是情节吸引人，要么就是情绪感染人，这就是好奇心或感受力在起作用。最后一点，是多动笔表达，读完以后尽量让这本书跟自己产生一点化学反应。如果能做到这几点，你的读书兴趣一定会非常浓厚。

二、怎样读书才有效果

以上是关于读书兴趣的解答。下一个问题是怎样读书才有效果。在语文学习方面，所谓有效就是**能通过读书提高孩子的阅读理解能力与写作能力**。在这里我给大家支四招。

第一招，**多理解**。什么是理解？理解不是知道你说了什么，而是知道你为什么要这么说。很多人看书都在看热闹，就是因为很少在理解方面下功夫。成年人不重视理解，就会显得情商低，别人看了三次手表，你还不知道要告辞。孩子不重视理解，直接表现就是做不对阅读题。题目问为什么要用某个词，某个句子要表达什么，作者为什么这样说，文章的主题是什么，等等，孩子完全不明白。所以读书要想有效果，就必须多在理解方面下功夫。

第二招，**多鉴赏**。鉴赏其实是审美层面的东西。如果说理解更多是关乎同理心和同情心，那么鉴赏就是关于**审美能力**的一种训练。读书的时候，把你能够感知到的美好之处写出来，就是鉴赏。但现实却是，很多孩子没有重视审美的训练，而是背了一大堆赏析的套路。你明明不知道这个东西哪里好，甚至都没觉得它好，却机械地用套路在夸赞它有什么好处，仔细想想这是很可怕的。长此以往，孩子的鉴赏能力没有得到足够的锻炼，以至于他们在做阅读赏析题目时，只能一通乱写，自然也根本答不到关键点上。更糟糕的是，审美能力的缺失还会导致孩子在成长过程中缺乏幸福感。

　　什么是幸福？幸福就是感知到生命中的美好。懂得鉴赏的人是不缺幸福感的，读书的一种快乐就是去感受作品的美——有的是美好的情感思想，有的是美好的文字词汇，有的是美好的艺术技巧。前两天我读李白的《清平调》，看他怎么写杨贵妃。李白不直接写杨贵妃的容貌，眼睛、鼻子、嘴巴，一概不提，而只写一句"云想衣裳花想容"，简直太厉害了！一个人美到什么程度？连天上的云都羡慕她的衣服，地上的花儿都羡慕她的容貌，还有什么比这更美的呢？接着是"春风拂槛露华浓，若非群玉山头见，会向瑶台月下逢"：这样的美人，一定只在仙境才能见到吧！读完这首诗，我们忍不住折服于李白的想象力和文采。可如果你只是把这首诗背下来，每个字的意思搞懂，能翻译，你的心却是冷冰冰的，这样的读书就没有达到真正的效果。

　　第三招，多模仿。家长们经常提到的一个问题是：孩子写作不行怎么办？其实写作不好主要就是两个大问题。一个问题是言之无物，俗话说巧妇难为无米之炊，你的文字功力再好，如果无话可说，你的文章也写不出来。另一个问题是语言浅俗，有的孩子白读了七八年书，写出来的文字简直没法看。为什么？我认为问题出在模仿上，简单说，就是模仿不到位。

模仿一定要选对方式。譬如某人走路的姿势很有范儿，你却在模仿他的穿着，这就没有模仿到位；又或者，你只是印象里觉得他走路好看，却没有分析过他的具体动作细节，也很难学到家。我认为，要想提高语言水平，必须先学会正确模仿，所以我们在读书会上经常会留仿写类的读书任务。仿写和写作文是不一样的，仿写最重要的是分析与模仿。第一步，先分析透彻别人的语言结构，因为只有先分析到位，你才有可能模仿到位，如果看都没看懂，怎么能学好呢？第二步，动笔写一段话，模仿刚才的语言结构来表达你自己。

第四招，**多表达**。就是我之前提到过的，读了书有点感动，有点收获，有点感悟，把它写下来。（考虑到很多孩子不会写，可能需要一点示范，我就做了个公众号，叫"邵鑫日记"，从2022年的1月1日开始，每天写点东西写了235天。其实写多写少不重要，关键在于坚持动笔。）以前有句话叫做"拳不离手，曲不离口"，运用文字也是一样的，你得多写。只有写得多了，你才会觉得驾轻就熟。千万不要觉得自己写作的水平不够就放弃动笔。你能一边读书积累，一边表达自我，这本身就是一个巨大的收获。甚至过了一段时间之后，回过头看以前写过的东西，你能很明显感受到自己的进步，或许还能重拾某些已经忘却的美好。

在日记里，我就写了自己很偶然想到的一个很有意思的问题：企业为什么叫"企业"呢？"企"者，愿也；"业"者，事也。"企"字很有意思，上面是个人，下面的止是脚，一个人踮起脚往远处看，代表着对某种愿望的期待。"业"就是事，为了实现某个愿望而去做事，就叫"企业"。想到这里，就觉得很有意思了，真正的企业应该"企"在"业"

先，要先有你自己的使命和愿景，再去做事情。像这种很有意思的小想法，可能转瞬即逝，但我都把它们记录下来，未来某个时刻再回过头来看，就觉得别有一番趣味。

再比如读《孙子兵法》的时候，经常会有一些让我感触很深的句子，读到了，我就随手写一点心得。有一句说"途有所不由，军有所不击，城有所不攻，地有所不争，君命有所不受"。你看，《孙子兵法》很高明，它在教你要怎么做之前，先告诉你有些事不能干，做了你就浪费了精力。不是所有城都值得打，这个城又小又坚固，战略位置还不重要，你打它干嘛？所以容忍次要问题，才有可能集中优势兵力解决主要问题。

像我这种每天写点日记的做法，正是在读书过程中练习表达。读书的时候，打开自己的思维和情感，有一句写一句，坚持下来，读书和写作就都会变成习惯。

事实上，我一直认为读书和写作是不分家的。有句话叫"不动笔墨不读书"，如果不动笔，读书的效果就会大打折扣。孩子们老说自己忙，没有时间动笔，但这些都只是借口。我也很忙，我要读书，要给你们讲，还要做企业，每天大大小小好多事，但这并不妨碍我写日记。白天实在太忙，我就在晚上挤时间；如果晚上忙到太晚，我就第二天早点起床，把日记挪到第二天清晨来写。总之，只要有足够的重视和毅力，你想做的事情一定可以做成。

三、如何安排读书时间

就这最后一个问题，怎么安排读书的时间。我在这里给大家分享三个方法。

第一个方法叫做**见缝插针**。这个很好理解，就是有事没事就把书本拿出来翻一翻。比如，不管你去哪儿，书包里放一本书，在地铁上、高铁上、飞机上，甚至在厕所蹲马桶时都可以把书拿出来读。鲁迅早就讲过，时间是海绵里的水。所以，各位家长不要说孩子没有时间读书，你们要鼓励孩子见缝插针地读书。而且家长是孩子的榜样，你们怎么去安排你们的零碎时间，孩子是会模仿的。正所谓"其身正，不令而行；其身不正，虽令不从"。如果家长的零碎时间都用来刷抖音了，却要求孩子要见缝插针地看书，这是很难的事情。"读书成就人生"这句话不仅仅用在孩子的身上，对家长也同样适用。所以，每一个人都要学会见缝插针地去读书。

第二个方法叫做**读书时刻**。专门用来读书的时间，我称它为"读书时刻"。我们常说每天晚上几点钟必须上床睡觉，同样地，你也可以设置一个类似的时间，比如每天晚上九点到九点半，这半个小时作为你的"读书时刻"，你就专门用来看书。万一你某天的这个时段实在有其他躲不开的安排，那你也必须从别的时段调整出半个小时来弥补。

前两天还有一个家长问我："邵老师，我参加读书会之后觉得读书太重要了，那我是不是可以不让孩子写作业了，只让他读书？"我说当然不要。就好比你觉得吃饭特别重要，那是不是每天只要吃饭，就不做别的事情了呢？首先，尽可能地让读书时间固定，就像一日三餐。其次，实在遇到忙得顾不上吃饭的时候，也要再从其他地方挤时间补，总不能让自己饿着。读书时刻也是这个道理。我读高中的时候，哪怕是在最忙碌的高三我也没有停止读书。有时候为了凑够整块的读书时间，我会挤时间把作业早点写完，这才能体现你对读书的重视，你也才可以读得心安理得。不论是以作业多为理由不读书，还是以要读书为理由不写作业，这两种行为我都是不赞成的。

第三个方法叫做阶段规划。读书这个事要有规划，尤其对于初学者，没有规划地读书就如同苍蝇乱撞，你很难坚持下来。规划一般是阶段性的，如月度规划、季度规划、学期规划，都可以。我不建议学生给自己定什么三年规划或五年规划，时间过长的规划，实施起来会大打折扣。

好了，刚才我主要从读书兴趣、读书方法和读书时间三个维度分享了我的一些观点和认识，感谢各位的耐心。但愿能对大家有所帮助。希望有更多的孩子能够通过读书收获更多。

读书是一场开心的烧脑之旅

2020年4月18日

最近，很多家长反映：孩子总觉得读书太枯燥，坐不住板凳，注意力不集中。接下来我将为大家剖析如何读书，一并说说读书过程中不想读、不会读、读了没效果这三个问题。

一、读书读的是什么？

开篇前，我们先给读书下个定义。按我的理解，读书又开心，又烧脑。这里涉及两个概念——心和脑——分别对应感受和思考的维度。而读书，就是同时提高感受力和思考力的过程。

为什么这么说呢？我从文学著作的角度来谈。首先，作者为什么会写文学著作？为了告诉你某些知识点，还是要向读者讲一个故事？其实都不是。一般认为，诗是最纯粹的文学，我们就以诗歌为例。什么是诗？古人讲，"诗言志"，志指的就是人的内心。写文学作品，不是为了别的，而是为了表达他自己的内心。

当你能读懂作者的心情与心理的时候，你才算是真正地读懂了他的作品。我认为"志"，或者说"心"，包含两个层面。第一个层面是思想，对一些问题的认知；第二个层面是情感，关于生命的某种体验。这两个部分有机结合，就成了文学作品。

文学作为艺术，跟音乐、美术一样，都是追求表达人的内心，即思想、情感。只不过文学用语言，音乐用音符，美术用线条，这就是区别。但这些艺术的共同点，就是表达都不是直白的、赤裸的。"大海全是水，骏马四条腿。"这算不上是文学，因为太直白了，没有审美和艺术表达。所以读书，特别是读文学作品，还有一个值得注意的地方，就是它艺术的、审美的表达方式。

总结一下，读书读三方面：思想、情感、美感。读懂这三方面，才是真正的读书。

二、读懂作者想什么——理解力

读明白作者想写什么，对应的是理解力。我把它分成了三点：一是态度，二是情感，三是价值观。

第一个，读出态度。在《西游记》中，吴承恩对社会上存在的很多问题表达了自己的态度，比如当时社会官官相护，官僚作威作福，吴承恩非常痛恨。他在写妖怪作恶时，等到孙悟空这帮人要打死他们的时候，天空中总会传来一个声音叫，大圣且慢，这人是我的什么亲戚，或者烧火的童仆之类的。这里，就是作者表达对为虎作伥的痛恨。再比如，拜金主义也是《西游记》当中所批判的现象。《西游记》第九十八回中，师徒五人历经千辛万苦到了西天。他们找如来佛要经书,但没有钱去贿赂手下的弟子,最后抱了一堆无字真经回去,走到半路发现没有字,孙悟空回来找如来佛,就说你这什么意思?结果如来佛说"经不可轻传",意思是不能随便给你,你们想平白无故拿走吗?这其实是作者借以讽刺当时社会上广泛存在的拜金主义,没了钱,干什么事都不行。这就是作者的态度。

我们读到情节,不仅仅要去看这个情节,还要去想作者为什么这样写,反映什么态度?把这种态度也读出来,读书才有意思。

第二个,读出情感。不少时候我们会发现很多问题的根源,就在于我们读书的时候读得不对,我们只是在看故事,而忽略了作者通过这个故事向我们传达的情感。比如说《卖火柴的小女孩》,这个故事没有人不知道。但通过读这个故事,我们到底要读明白什么?安徒生其实试图向我们传达他自己所感受到的一种情感,那就是这个孩子孤独无助的恐惧感,明明火柴就在旁边,她却冻死了。她到死都不敢划开一根火柴,这是一种极度的无助,极度的孤独,极度的恐惧。这种感觉在我们今天的生活当中,很多孩子是体会不到的。家长怎么让孩子理解到这样的情感?如何培养孩子的共情力和同理心?靠的就是读书。

有的人为什么那么暴躁?原因就是不会处理自己的情绪,或者缺少共情能力。世界上最极致的幸福、最极致的痛苦,在很多作品中都已经呈现出来了。关键是你在读的时候,有没有真正用心去体会。如果有的话,这次读书就能够真正的丰富你的感情。如果抛开了情感,只是读故事,那就是买椟还珠了。所以,读书一定要读情感。

第三个,读出价值观。价值观是通过故事传达的。举个例子,前两天我讲到《搜神记》，里边有一个有意思的故事叫《三王墓》。这个故事开场的时候讲到，干将莫邪给楚王作剑，但是铸剑造得太慢了，三年才造完。楚王非常生气，想要杀掉他，而此时他的妻子已经怀孕了。铸剑师就对他的妻子说了一段话，主要包括两个部分：第一个部分说，我为楚王作剑三年才做完，大王很生气，一定会杀了我。第二个部分说，如果你生下来的孩子是个男孩，他长大了之后，你就告诉他，我在什么地方藏了一把剑，你要让他替我报仇。

讲到这，我想问同学们：这两句话，体现出什么价值观？我们体会一下，铸剑师明明知道楚王要杀他，却依旧前去送剑。这就是中国古人试图传达的一种价值观，叫责任。铸剑师的职责，是要把这个剑交上去。不交剑，是你的不对；你交了剑，杀你是他的不对。==这背后传达的价值观就是古代人的行事原则，"虽千万人吾往矣""舍生而取义"==。

很好玩的是，后文又写在孩子长大后，大王做了个梦，梦见报仇的事情，他发了个通缉令，这小孩只好躲到山里去。小孩没有办法给爸爸报仇了，于是在山上悲歌。行人问他，为什么如此难过呢。那孩子便道明原委。行人说，我知道大王在悬赏你，而且是用一千两黄金买你的头，你把你的头和这把宝剑交给我，我替你报仇。小孩的答案回答是"幸甚"，意思是太好了。小孩的想法就是替父亲报仇，哪怕99%的概率是会失败，但只要有1%的希望，都要去做。他觉得，如果我不把头给他的话，我连一丝成功的可能都没有。这就叫取舍。没有风险的事情，谁都会做，但如果风险和成功的可能性各占一半的时候，可能就有很多人犹豫了，当你只有0.01%的成功概率的时候，估计很多人都不会去干。

通过这个故事，作者传达出来的价值观是，==如果这件事情真的重要，==

那么哪怕失败的概率是 99%，我们也应该去做。 实际上，中国的历史就是这么走过来的。

鲁迅对人性持着深刻的怀疑态度。当年别人找鲁迅一起搞新文化运动时，他说，我不去，我对国民性很失望。现在就相当于有一间铁屋子，一群人在里边昏昏沉沉的都快睡死了，根本就打不破，你还不如让他们睡过去就算了。但是钱玄同跟他说，你要知道有一个东西叫希望，虽然你干这件事情的失败概率是 99.99%，但是你只要干，就有成功的希望。所以鲁迅才说："希望是本无所谓有、无所谓无的，正如地上的路——这世上本没有路，走的人多了，也便成了路。"鲁迅还有一篇文章叫《我们现在怎样做父亲》，他说，我们的责任是"肩住了黑暗的闸门，放他们到宽阔光明的地方去"。这其实就是人类前进的真正动力，很多时候，奇迹就在希望中诞生。这就是我讲的第三个层面，就是你一定要去读作者在传达什么样的价值观。

三、读懂作者怎么写的——鉴赏力

刚刚讲过文学是一种艺术的表达，它的巧妙之处是非常值得我们在读书的时候去体会的。比方说《水浒传》，施耐庵的表达艺术就很高超。举个例子，《水浒传》里边写了两个出家人：鲁达和武松。他们之间有很多微妙的联系。比如鲁达救过好几个女人，武松杀过好几个女人。鲁达救第一个女人是在一个叫潘家酒楼的地方，救的是金老汉的女儿，名字叫翠莲。这里边藏了三个字：潘家酒楼的"潘"，金老汉的"金"，翠莲的"莲"，藏着连起来是"潘金莲"。只要你读过《水浒传》，你一定知道，潘金莲恰好是武松杀的第一个女人。我们突然发现，这两个人在小说当中有某种暗暗的联系。《水浒传》是元末明初的书，这背后还藏着很多对朱元璋和大明王朝的看法，而且作者会用非常巧妙的艺术手法曲折地表达这种想法，在此就不逐一举例了。

这就是读书有意思的地方，表面上讲出来的东西太没意思，用艺术的思维去发现这些巧妙之处才是有意思的。所以很多人说的不想读、不会读，读了没效果，原因是对读书的理解方向有问题。你没有试图去理解和赏析作者的思想、情感、艺术手法，就没办法读出书真正的价值。

接下来，分享几个关于读书的建议：

第一个建议是，一定要找一本两本感兴趣的书来精读，翻来覆去地读。中小学的必读名著，就是非常好的选择。它们都是经过时间检验的经典，又是教材编写的专家们特意挑出来的、适合这个年龄段读的书。大家可以从必读书单当中挑选最有兴趣的一两本书进行反复精读。

第二个建议是，读书的时候要找对领路人。有时候孩子入门可能比较难，当他自己去琢磨这本书中作者的态度情感、价值观和表现手法等等，经常会一头雾水。这个时候最好有一个水平比较高的人，带着他读一些内容，给孩子简单的启发，领他入门，这是特别好的。

第三个建议是给家长们的建议，就是孩子读完了书之后，家长最好与孩子进行启发式的交流。比如说这本书里你最喜欢谁？这个人有什么特点？类似这种启发式提问，是特别重要的。

所以说，读书不难。那么现在就试着拿起一本你想看的书，用我教给你的方法读下去吧！

语文学习的三个核心问题

2021 年 12 月 23 日

语文学习的三个核心问题，也是区分度最大的三个领域：

第一，语言能力。具体问题有：语言幼稚、无效摘抄、不会仿写。

第二，阅读能力。具体问题有：不会理解、不会分析、不会鉴赏。

第三，作文能力。具体问题有：不会审题、不会立意、没有章法。

一、语言能力如何提升

时下，很多孩子现在面临的最大问题就是语言幼稚，写出来的语言没有美感。这个问题的关键，在于老师是否把作者语言背后的东西讲透。如果把语言背后的美讲明白，你会发现哪怕孩子只有十岁，都可以把这个段落写得很漂亮。我们以鲁迅先生的《从百草园到三味书屋》为例，这个段落是我在读书会第一季《朝花夕拾》这本书中带领孩子们精读精析的段落。如下：

"不必说碧绿的菜畦，光滑的石井栏，高大的皂荚树，紫红的桑椹；也不必说鸣蝉在树叶里长吟，肥胖的黄蜂伏在菜花上，轻捷的叫天子（云雀）忽然从草间直窜向云霄里去了。单是周围的短短的泥墙根一带，就有无限趣味。"

我们来一起看看孩子们在精读后的仿写：

不必说七彩的炫门，熠红的果子，精致的房屋，五光十色的车子；也不必说时不时的烟花，树上的蝉，单是潮涌的海滩，就有无限趣味。清风在这里弹琴，波浪在这里打鼓，挖开沙滩有时会遇见海龟，还有小寄居蟹，倘若用一个贝壳触碰它的手，便会"唰"一下把贝壳紧紧夹住。螃蟹和虾相叉在一起，螃蟹有肥大的腹部，虾有墨黑的铁钳。

——郭厚泽，北京，10 岁

不必说高大的红墙，金色的琉璃瓦，清澈的金水河，也不必说宏伟的三大殿，宽阔的天街。单是故宫里的御花园，就令人流连忘返。千年的古树，枝干苍劲有力，黑黑地缠满了岁月的皱纹，见证了历史的沧桑。树梢上站满了鸽子，像是绿叶间一簇簇白颜色的花。在太阳最后一道光线消失之前，鸽子被染成了金色，让人觉得只要稍微一碰那羽毛，指尖也会被染成金色。树下孩子们坐在五彩石上嬉戏玩耍，不亦乐乎。

——马金浩，北京，13 岁

这两位同学的段落写得如此漂亮，不仅因为他们读过鲁迅的作品，更在于他们通过我的分析、讲解，现在已经明白了好的句型是什么，如何仿写好的句型，如何写出好的句式与段落。所以很多人百思不得其解，"为什么孩子写文章的水平总是没有提升"，其实最根本的原因是我们没有学会模仿，或者说没有模仿到家。

也有家长会问，我们要模仿同一个作家的作品吗？不一定。模仿可以取样多个作家。但前提是我们**能把每个作家的作品读透**。只有读透了，我们才能**模仿得对**，而后才会渐渐**形成属于我们自己的语感**。

我记得 2013 年北京高考的语文状元考了 148 分，在介绍语文学习经验时，她表示，读书为写作提供了良好的模仿条件。她最早开始写东西，正是始于阅读中的模仿，不管是哪位作家，只要她觉得好，就会按他们的风格仿写。一开始小学时她就开始有意识地在作文中学习一些冰心儿童文学奖获奖者的风格，后来读的书更多也更杂，就开始模仿鲁迅、夏目漱石、郭敬明、村上春树、钱钟书、杜拉斯、三毛……甚至模仿司马迁为自己写了一篇文言文小传。

所以，任何语言学习的起点都是模仿。就像是学走路，学说话，一开始都是要模仿，在模仿之后逐渐形成自己的风格。

二、阅读能力如何提升

很多孩子阅读能力差的核心问题在于读不懂、读不透。其实语文考试中的阅读题很简单，但很多孩子连题目和题型都读不懂，更别说去做题了，答案写上去，也往往是答非所问。

语文考试中的阅读题，无非四大类：概括题，理解题，作用题和赏析题。概括题，就是概括主要讲了什么；理解题，就是解释某些文字的意思；作用题，就是分析作者的用意；赏析题，就是分析文字的妙处。这四类阅读题型，主要依靠平时读书来解决。

很多人说：我也读了好多书啊，可阅读还是不行。其实原因很简单，就是因为他们读书的时候，大多在看热闹。他们很少在读书的时候思考：作者讲了些什么？想表达什么？为什么要写这段话？写得好在哪里？你读书的时候不去思考这些问题，光看故事去了，考试的时候碰到这些问题当然就不会做。所以，所谓的"读书多，阅读却不行"的问题根源在于：没有带着问题读书，没有把书读透、读懂。

三、作文能力如何提升

很多同学对作文有畏难情绪，觉得自己没天分。其实作文和天分关系不大，作文分数提不上去，首要原因是不会审题。

（一）正确审题

什么是审题？简而言之，就是出题人给了你很多材料和要求，你需要读完以后，按照出题人给出的要求和方向，表达你对某些问题的认识和感受。很多同学平时写作文的情况是刚拿到题目便开始想：我可以写哪个故事？我以前写的哪篇文章可以立刻套上去？这都是不对的。写好

作文的第一点是要正确审题，思考出题人给定的材料有什么作用和意义。

也有很多同学会误用材料。有同学误以为材料的作用是读完写感想，那就错误地把作文变成了写读后感。还有同学利用材料的方法是：正好无话可说，于是把材料抄写或者改写到文章里去。这些做法都是没有正确理解到材料的真正意义，材料是让我们来做阅读理解的。材料里面有出题人为同学们指明的写作主题、主旨和话题方向。我们必须要明白出题人要我们回答什么问题，然后在这个方向上表达想法、理解与情感。

如果你没有正确审题，没有理解材料的意义，一写作文自然就会跑题。理解不过关这个问题其实特别可怕。就好比今天你参加一个面试，结果你根本没听懂面试官在问什么。所以我说，正确审题是写好作文的第一点。

（二）学会立意

写好文章的第二点呢，是需要立意。立意就是明确这篇文章想要表达什么，也就是确立文章的主旨。很多人写了半天，自己也不能清晰说出文章的主旨是什么，可如果连你都不知道你文章的主旨，怎么能指望阅卷老师在短短的时间内弄清楚呢？

学会立意的根本方法在于**通过读书进行积累**。很多家长和我说，孩子年龄还小，缺乏人生经验，不可能有那么多的情感流露出来。这确实是现实，但是我们可以通过读书去提升孩子对生活与人生的认知。经典作品中表达的作者的情感与思考，无异于为孩子们打开了一扇观望世界的窗。孩子如果能够**主动思考书中的思想与感情**，无疑就是在为自己积累写作的素材与主题。

很多孩子写作文，难就难在"巧妇难为无米之炊"。心中无感，肚子里没货，却偏要憋出六百字，这就成了他的难处。所以读与写的连接点就在于读书要**用心、入心**。读书不用心，就没办法**进行有效积累**，我们对世界的认识就总会显得单薄。

讲到这里，大家或许就能明白我为什么要做读书会：家长都很忙碌，并没有那么多时间去研究经典作品，很难指导孩子进行精读。这正是我希望通过读书会帮助大家解决的问题。

从创办读书会的第一天开始，我就希望解决三个问题：

第一个问题，不知道该读什么。阅读的书目会由领读官选好，不同年龄段的孩子，都会有全年专属书单。

第二个问题，感觉读了没意思。领读官负责帮助孩子们提升兴趣，并带他们深层挖掘经典作品的内涵和趣味。

第三个问题，担心读了没效果。我们通过有计划地带领孩子读书、思考、摘抄、仿写，把读书和写作相结合，通过读书真正提升孩子的理解、审美与表达。

此外，关于读书我还有两点主张，并将它做成读书会的两个特色。

第一，原汁原味。我主张孩子一定要去读原著，而不是单纯听别人讲书籍内容。在读书会上，我们将为孩子制定整本书的阅读计划，布置阅读任务，发布思考内容，并在直播时带着孩子逐字逐句读原文，一边读，一边分析。只有身体力行阅读原著，才能充分吸收原典的精华。

第二，学以致用。我主张中小学阶段的孩子**读写结合**，把读到的东西运用起来。所以，怎么摘抄，为何摘抄，怎么仿写，为何仿写，领读官都要给大家全部讲清楚。所有的仿写我们都会进行点评，仿写得好的，领读官还会在直播时向所有同学讲解分析，因为很多人只知道好，不知道好在哪里。在读之前，每一位领读官都会对自己领读的书目制定专门的读书计划，避免孩子们三天打鱼两天晒网，也会有专门的读书会群进行讨论。针对每本书，领读官都会布置每次领读的思考题和阅读任务，帮助孩子不断提升读书的效果。

　　语文学习到底如何才能得法，我们还是需要从读书这件事中找原因。看清语文学习的本质，在读书中学会模仿，在原典中发现读书的乐趣。学以致用，帮助孩子爱上阅读，学会思考。

关于读书规划与必读书

2022年4月18日

一、读书要有规划

熟悉我们的朋友都已经知道，我们正推出一个全年必读计划。为什么会想做这么一件事情呢？我想主要从两个原因来谈。

第一个原因，**来自我个人的读书经验**。我时常会收到一些朋友的咨询："邵鑫，你以前到底是怎么读书的？"他们很希望我能够把自己当年读书时的经历都呈现出来，让孩子们照着学一遍。还有一些朋友，知道我学生时期成绩很好，从一个小县城里一路考到北京大学，就希望我分享"独家秘方"。我只好告诉他们，我没有"鸡娃"的父母，也没有参加过辅导班，也没有像今天的很多孩子一样刷题，让我受益最大的就是读书。

于是就有人觉得我一定读了特别多的书，或者读的书很特别，可能是他们不知道的，于是纷纷让我开书单。我也会问自己，当年读了什么神奇的书呢？好像真没有，我的学生时代可没有今天这么好的读书条件，也没有那么多选择。不过，如果说真有什么独特的地方，那就是我会把经典的书翻来覆去地读很多遍。我一直觉得读书的核心不在于数量，而在于你有没有把每一本你应该读好的经典作品读透。我认为，质量才是最关键的。很多同学的读书量特别大，但每一本书都浅尝辄止，他也讲不出太多自己的理解，这是一个很大的弊端。在孩子的成长阶段中，有一些书是他们必须去读的，把这些书读好、读明白，远比浅尝辄止地去看一堆未经验证的书要有效。

第二个原因，是孩子们读书往往缺乏规划。邵鑫读书在之前的每个季度都会带领孩子读不同的书，比如说，我在今年春天带着大家读了《西游记》《水浒传》《红楼梦》《瓦尔登湖》。其他的领读官也有各自领读的书目。选择多当然是件好事，但也给很多重视读书的家庭制造了困难：选择越多，就越难抉择与规划。而孩子的时间又是有限的，先读什么，后读什么，哪些书是现在必须读的，哪些书是可以后面再读的，书跟书之间有没有什么进阶关系，等等，这些都是孩子读书规划时要考虑的问题。在今年春天，很多家长同时在参加几门读书会，最夸张的一个同时参加了六门。后来这个家长就找到我，一方面表示收获巨大，另一方面也表示很苦恼于孩子的时间规划。她就建议能不能把孩子最需要读的书，规定一个时间段，由领读官们一起带着读完。如果之后吃饱了还能吃，再读别的书加餐。

基于上面这两个原因，我们就从今年暑假开始，推出了这个叫做"全年必读计划"的项目。在这里，我也为大家做一个比较详细的解读。意在进一步帮大家理清规划的重要性。

二、做好长期读书的准备

"全年必读计划"的第一个词语叫"全年"。这个计划一读就是一年，所以孩子要提前做好长期读书的准备。以当年这期的规划为例，我们的规划就是从 22 年的 7 月份到 23 年的 6 月份，全年 12 个月都已经安排好读书计划。我认为读书一定是件需要长期坚持的事，而且必须要进行科学合理的规划，才能有一个科学的进阶。

第二个词语叫"必读"。必读就是大家在某个阶段必须要读完的书。比如说新课标中小学生课外阅读推荐书目、一些顶尖的中学建议学生阅读的书目。

第三个词语叫做"计划"。我们已经给学生规划好一年的安排，就需要孩子按照这个规划，一步一步跟着领读官学习。

全年必读计划的目标就是一站式解决青少年读书的六大难题。我们希望通过这个必读计划，培养一些真正的会思考、爱表达、通文史的读书人。

开展这个项目，一方面是一种情怀，另外一方面也是源自对国家教育政策的关注。很多时候，想要提倡什么，就会考核什么。最近有一篇解读中考、高考改革变化的文章非常热门，文章说以后考试的命题方式不再是各个地方单独命题，现在中考以市为单位进行命题，那以后可能要省级命题，甚至需要国家参与。因为我们现在处于大的教育改革当中，怎么改呢？从以知识为本的教育，转向以人为本的教育。在"以知识为本"的教育里，孩子上学就是学知识，是有可能会做题就能拿高分的。而新的方向"以人为本"的教育则不同，要求你得是一个健全的人，有理解能力、表达能力、审美能力，有幸福感知力，这才是健全的人格。

教育改革万变不离其宗，培养人是教育的最终目标。因此，作为指挥棒的中高考，也会在教育改革的大趋势下变得综合，变得深入，变得反套路。在这个变化下，**多读书、会读书**就变得特别重要。

三、解决读书中的难题

再说说全年必读计划的目标——一站式解决青少年读书的六大难题。哪六大难题呢？

第一个难题是"不会选书"。哪些书是必读的，哪些书是选读的，哪些书是不能读的，包括哪些是现在读的，哪些是以后读的，很多人选不出来。为了解决这个问题，我们会每年挑选出符合孩子现阶段阅读的15本经典作品。假设平均一个月读一本书，一年就是12本书。寒暑假时间长（总共大约三个月），每个月多读一本书，就是15本。

第二个难题是"时间不够"。必读计划的直播读书时间，我们设置在每天早上的八点到九点半。这其实是我自己的读书经验。我出生在山东，山东的应试教育非常严格，为了保证我在高中每周都能看书，我把读书时间设置在周末的早晨，头天早点睡，周末早点起，早晨就能看上一两个小时的书。我认为只要合理地规划时间，总可以找到零星时间用来读书。而且，这个时段是你头脑最清醒的时段。这个时段也不会耽误你白天的事，不管你接下来的时间要干什么，九点半参加完直播，你就可以去干别的事情。

我们的直播频次在春秋季和寒暑季有所不同。春秋季孩子平时要去上学，我们就放在周六、周日的早上八点到九点半直播。寒暑假期间孩子放假了，我们就每周额外增加两个直播日，周二、周四、周六、周日我们都会开读书会。读书不是一件头脑一热就去干的事，这种有规划的安排才会让读书真正融入到你的生活当中。

第三个难题是"不会规划"。我们根据各个年龄段阅读能力以及培养目标，科学地设定了阅读次序，逐级进阶。在这里，大家可能会有疑问，就是每本书会读多长时间？我们的答案是两个月，例如，春秋季我们是一周直播两次，周六和周日并不是针对同一本书进行直播，周日直播一本书，周六直播另一本书。所以每本书每周会有四次直播，两个月就是八次直播。

必须要强调的是，听讲不等于读书，不要觉得参加了读书会，就是读完了整本书。所以我们的课程设置会给孩子留出充足的阅读时间。我做读书会的目标不是替代孩子们读书，而是要用小部分的精读去撬动整本书的阅读。孩子们真正要花大量时间做的事情是用正确的方法读书，而不是来听我们讲。我们只是引导孩子怎么读出门道、读出兴趣，把孩子领进门。所以我们每本书只领读八次，只讲这本书里边最值得精读的部分。但这不代表你听完这八次就什么都不用做了，<mark>你要用这两个月的时间扎扎实实地把这本书读好。</mark>

第四个难题是"缺少兴趣"。这是我们擅长的事，邵鑫读书的每位领读官都擅长带领孩子去发现读书的乐趣。而且每一本书在直播之前，我们都会录制一个导读视频，给孩子们介绍这本书大概关于什么，激发孩子们的阅读兴趣。

第五个难题是"没有效果"。经过几季读书会的尝试，我们发现孩子读书的效果越来越明显了，这是因为我们始终提倡扎扎实实地读原文，而不是给孩子们讲故事。在直播过程中，我们一起去分享各自的理解与思考。只有读原著，我们才知道这本书本来的样子。其次，我们特别重视思考分析，重视动脑子。我们的口号是"爱上读书，学会思考"，我们希望实现的是探究性的、开放的、综合的阅读。所以我们会布置多样的读书任务，比如读《西游记》，我会要求孩子把孙悟空去蟠桃会的情节，由文言文改成白话文。比如读《红楼梦》，我会提一些思辨性的问题，例如你喜欢薛宝钗还是喜欢林黛玉，结合情节分析一下为什么。我们总共有六大类的读书任务，通过这些任务的训练和讲解，加深孩子们对经典作品的理解，提升他们的理解能力、表达能力、审美能力。

第六个难题是"名师难求"。在必读计划里，我们安排了邵鑫读书的四位当家领读官联合领读，每个人讲不同的书，每个人都讲自己最拿手的部分。

以上就是我们的全年必读计划力求解决的六个难题。我们希望能够通过这个全年必读计划，培养出——第一，会思考的人。第二，善于表达的人。第三，通文史的人。

四、中小学生阅读书单

针对不同年纪的孩子，我们分别推出了二阶产品和三阶产品。二阶主要针对的是新六年级的孩子，新六年级是小学跟初中的一个重要的分水岭。很多孩子上了初中之后需要读大量的书，但是孩子的科目突然间变多，没有那么多的时间去读书。所以我一直建议趁着六年级有时间，去读一些中学推荐阅读作品。如《中国通史》《世说新语》《平凡的世界》《论语》《朝花夕拾》《哈佛中国史（唐代）》《苏东坡传》《史记》《哈弗中国史（宋代）》《老人与海》《骆驼祥子》《希利尔讲世界地理》《三国演义》《契诃夫短篇小说集》，这些是我们全年必读计划二阶的阅读内容，也是这阶段孩子有必要阅读的书单。

三阶适合初中阶段的孩子。如果新七年级的孩子功底偏弱，阅读能力比较差，那我们也建议孩子去读二阶的书目。三阶要读的15本书是《钢铁是怎样炼成的》《穆斯林的葬礼》《左传》《中国大历史》《希利尔讲世界史》《我与地坛》《呐喊》《红星照耀中国》《傅雷家书》《诗经选》《朱自清散文精选》《中国国家地理》《宋词三百首》《边城》《儒林外史》。

最后再补充几句。有些家长觉得读书耽误了孩子的学习时间，会影响升学考试，其实是没明白读书真正的意义。读书能从根本上提升孩子的==分析能力、感知能力、审美能力==，这些能力才是==提升孩子考试成绩的根本==。最近我在读《四书章句集注》，里面提到程子的一句话。孟子说"君子喻于义，小人喻于利"，感觉君子就是冲着义去的，小人就是冲着利去的。然而程子却说"君子未尝不欲利"，君子也想要好处，也是想要谋利的。只不过如果你盯着利而去谋利，最后是谋不到利的；如果你盯着仁义呢，利自己就来了。读书和考试的关系也是一样的。在如今教育改革的背景下，你盯着孩子的成绩去提升成绩，很难达到预期的效果。但是你从==全面培养孩子==的角度，盯着孩子==健全人格的培养==，==独立思考能力的锻炼==，孩子的成绩自然而然就提升了。

希望大家能够坚定信心，认准读书这条路。我相信孩子们一定会收获更多。

爱上读书，学会思考

2022 年 2 月 27 日

一、重视读书，明确读书理念

为什么要重视读书呢？有一种观点是，因为读书能帮助孩子学好语文，提高阅读写作成绩。不可否认，这当然是读书能带来的效果。但读书的意义远不仅仅于此。我认为，读书最大的好处是能够直接锻炼孩子的认知和审美。

今天早上我刚巧在读《瓦尔登湖》，里面有一篇文章就叫《阅读》。作者梭罗是 200 多年前的美国人，他关于阅读的许多看法，我是非常认同的。举两句话为例。

第一句是："阅读是一种崇高的智力锻炼。"这句话的意思是，我们读书不是为了看热闹，不是为了享受，而是为了锻炼智力。阅读的本质是去理解作者，尤其文学作品，读者一定要去理解和感受作者想要传递的理念，例如，对人生的思考，价值观，情感体验，等等。当然，理解这些内容会有一定的门槛，因为它们不是直接显露在文字表层的，理念需要分析感受、体会理解。于是，阅读变成了一种智力上的锻炼。大家都熟悉体力上的锻炼，但什么是智力上的锻炼呢？整天做脑筋急转弯不叫智力锻炼，那最多叫小聪明。真正的智力锻炼其实是通过阅读来实践的，因为孩子在这过程中练习的是看待世界的能力，认识自我的能力，体验生命中诸多情感的能力。这是真正的阅读。

第二句是："我们识字之后，就应该阅读那些最经典的作品。"很多家长平时会问："老师，我的孩子到底要去读什么书？五六年级的小孩能读《红楼梦》《瓦尔登湖》吗？什么书是能读的？什么书是不能读的？"其实这个答案很简单，当我们明白阅读是一种智力锻炼时，就应该去选择那些有智识高度和情感深度的作品来读，它们就是我们所说的"经典"。

在我们的读书会里不管你是几岁，读的都是经典作品。比如低年级的学生读《柳林风声》《稻草人》，年级高一点的学生可以读中国古代的作品，如四大名著、《聊斋志异》《古文观止》等，或者读一些历史哲科作品，如《简明中国史》《上下五千年》《苏菲的世界》等。有些家长会担心孩子看这些书有点难度，对此我的回答是："这就对了。如果孩子阅读的内容都是不用动脑子就能看进去的，那这些内容对孩子不能起到任何的智力锻炼作用。"这道理就跟我们去健身房里举铁是一样的。你本来就能举起50斤，如果每天都玩20斤的哑铃，自然是无法长肌肉的。同样，只有选择智力含量高的经典作品进行阅读，才能不断地提升自己。当然，还会有一个顾虑，说："老师，我就是读不懂怎么办？"这再正常不过了。经典，本就常读常新，努力去弄懂那些你现阶段可以理解的部分，或者深入品味那些让你有所感触的内容，哪怕只有一点点，也会对你产生很大的裨益。比方说《红楼梦》，哪怕只读懂1%，它的价值也远远超出读一本普通书的100%的内容带来的价值。

还有人这么问："老师，孩子不想看书，可不可以只听音频？"这也是很多人正在做的事，书没怎么翻过，二手知识倒是听了一大堆。其实，在听与读的区别上，《瓦尔登湖》里也曾谈到："口语与书面语有着明显的区别，一种是用来听的，另一种却是用来看的。声音或舌音往往变化多端，脱口而逝；书面语却是口语的成熟形态和经验的凝结。"也就是说，口语是不必深思、随时变化的，书面语却是经过缜密的思考而形成的文字。尽管有的人很会讲话，或者听了很多精彩的讲解，但其实他所有的训练都集中在口语上，而读书是阅读那些包含思想与情感的沉甸甸的文字。这是两种完全不同的概念。

为什么今天有很多人拿起笔来，写的全是大白话？就是因为他们阅读书面语的经验太少了。所以请各位不要在阅读这件事上偷懒。读书就像吃饭，别人吃进肚子里的东西，不管你在旁边跟着怎么操作，都不可能被你吸收。你可以因为看到别人吃得香而心动，但最终还是得亲自一口一口地吃。读书，特别是阅读经典，是帮助你锻炼智力、吸收精神营养的最佳方式，也是提升你对世界的认知能力、对自我的反思能力和对生命的感受能力的最佳方式。长期浸润在经典中的人，不管是做阅读还是写作文，都会感到很轻松。

请各位一定不要颠倒主次，本末倒置。这就像是我们通过长期锻炼，体力变得很好，这时候让我们搬个桌子是很轻松的。但你不要一边举着哑铃一边问，做完这一组练习，是不是我就能搬动那个很重的桌子了？

我希望各位把目光放长远，从心底明白读书的好处，它绝对不仅仅是那一点点分数，那些只不过是顺带产生的、微不足道的副产品。读书更重要的意义在于提升人的认知。

你去看那些真正成功的人，没有一个不重视读书的；真正的大家族，没有一个不是有深厚阅读底蕴的家族。洛克菲勒据说是人类历史上到目前为止最富有的人，哪怕是这样一个大家眼里的商人，也极其重视读书。他在《写给儿子的38封信》里说："真正能够让你独立地生存在这个世界上并被人尊敬的东西，一定是通过读书得到的，不是通过这些财富得到的。"有些人已经财富自由，有些人羡慕财富自由，但财富自由不等于幸福，更不等于高贵。区分一个人是高贵还是暴发户，关键就在于他的读书底蕴如何。财富自由的人在物质上是自在的，但时间一久他会感到非常空虚，于是总要寻求些精神上的寄托或安慰。为什么很多有钱人跑去爬珠峰，甚至要冒生命危险，我想就是这个道理。当一个人感到精神上空虚的时候，其实最好的方法还不是爬山，而是读书，去和人类历史上最伟大的灵魂们交流。

可能还有人会觉得，读书是那些吃穿不愁的人去做的，吟风弄月的事情不适合我们普通老百姓，我们还要操心每天的柴米油盐。越是这样思考问题的人，命运越是难以改变。读书不是吟风弄月，而是改变你思考问题和观察世界的方式。一个人的层次之所以不高，主要原因就在于思维层面的落后。一个人可以接受自己的起点低，但不该在界定人生终点时妄自菲薄。是否重视读书，这件事和身份地位、家庭条件没有必然关系，我们也会看到有些人大字不识几个，但砸锅卖铁也要供孩子读书，可能因为他们吃够了没有读书的苦。有些精英的子女未见得精英，有些农民的子女反而功成名就，我想主要区别就在于他们**对读书的重视程度不同**。

"读书成就人生"是个非常重要的命题，我之所以创办邵鑫读书，就是希望引导更多青少年重视读书、爱上读书、学会读书，通过读书成就人生。下一代热爱读书，国家的未来才有希望。

二、读书在于思考

帮助中国青少年爱上读书，学会思考正是邵鑫读书的使命。为什么我会在提倡读书时强调思考？因为今天有太多人用各种各样的方法让你以为你在做的是读书这件事，甚至让你以为你热爱读书，但实际上你读的、爱的，只是书里的热闹。**真正的读书，关键在于思考。**

邵鑫读书的领读官们有读书研讨会，我每次都会强调：如果一个人读书不动脑子，这个书是白读的。同样地，在跟孩子分享读书心得和方法的时候，我们应该教会他们如何思考，如何理解，如何体会，而不是盲目强调要读多少本书。很多孩子读书学习的时候一头雾水，有个非常重要的原因就是他动脑思考得太少，一直反复被动地输入知识，这就是"填鸭"。很多孩子读书都只爱读花哨的情节，没怎么思考过为什么这个人物是这样去行动的，作者为什么要插入这么一段故事，接下来情节走向会是怎样。所以我特别希望大家在爱上读书的同时学会思考。如果不学会思考，那么你不可能真正爱上读书。

关于读书，我还有两个主张，也希望把它们做成邵鑫读书的特色。

第一个主张叫**原汁原味**。原汁原味就是我前面所说的读书一定要选好书，选经过时间检验的经典作品，而且一定要读原著。日本有一个小说家叫村上春树，他笔下曾经有一个人物说，如果一个作家去世不到30年，那他的书我不读。这当然太过绝对，每个时代都有可能诞生伟大的作品，但到底是不是经典，也确实只有时间说了算。人生毕竟短暂，想要不在无谓的书籍上浪费生命，最好的方法是让时间做我们的选书官。

读书为什么非得原汁原味呢？因为原汁原味才代表着作者亲自和你交流。很多家长特别希望给孩子找一个好老师，但实际上，最好的老师都在书里，是孔子，是孟子，是庄子……你们今天来听我分享，只是在听一个北京大学毕业的读书人的经验教诲；但如果认真研读《论语》，你们就是在聆听大成至圣先师孔子的教诲。读原版的《西游记》，是中国历史上最优秀的小说家在给你讲故事；读改编版的《西游记》，是某个大学毕业的图书编辑在给你讲故事。你怎么选择呢？梭罗在《瓦尔登湖》里也有个观点，说你们一定要多去学一点古典文字，多去读一点古代作品。同样，我也爱读古文，也提倡大家多读古文。这倒不是为了让你们文言文考试的分数高一点，那只是一个非常低的需求，高等需求是拿到和古代圣贤直接对话的通行证，不必再咀嚼二手的文字。

所以在读书会直播的时候，我要求所有的领读官必须把原文都拿到屏幕上，带着孩子们逐字逐句地阅读和分析原文。当然，用这种方式不可能把整本书的所有内容都领读完，但我也认为没必要全部领读完。我想做的是引领孩子们入门，让他们对这些作品产生兴趣、了解阅读的门道，手把手领他们上路，再陪着走一段，但最终书还是要靠他们自己读完读透。我常对孩子们说，你们是来读书的，不是来上课的；我做读书会是要引领你们读书的，不是要替你们读书。任何人都不可以替代你把书翻开。

我的第二个主张叫学以致用。我一直强调读书不是简单的消遣娱乐，也不是功利地为升学考试服务，读书最终要影响阅读者的思维和心灵，作用于阅读者的人生。以前有人跟我说，他最喜欢的书是《瓦尔登湖》，因为帮他把失眠治好了，像这种就已经不是在读书了。我们前面说读书是一种崇高的智力锻炼，但你为什么要锻炼智力呢？还是为了帮助你解决现实当中各种各样的问题。不管是学习问题、生活问题还是工作问题，通过读书提升你的思维能力，把遇到的现实问题解决好，这就是学以致用。

我很希望邵鑫读书能够真正地帮助孩子们学以致用。每次我们都会发布一些读书任务，有让你阅读思考的部分，也有让你动笔的部分，这个动笔并不是让你去做题，而是要你把自己阅读的思考、体会、收获都写下来，内化成自己的东西。至于学习中遇到的具体阅读问题和写作问题，在你的理解力、鉴赏力、表达力提升上去之后，都是可以迎刃而解的。

三、如何安排读书任务

既然读书这么重要，我们应该如何安排读书任务？下面还是以我们的读书会为例，进一步了解我们的读书任务是怎么设计的？家长和孩子们应该怎样配合？

每次直播领读之前，我们都会首先布置一次读书任务，内容包括两个方面：一是需要在直播前读完哪些内容，这是读书的要求；二是学生需要提交书面任务，这是动笔的要求。"不动笔墨不读书"，只读书是不行的，你得动笔去写，只有动笔才能真正训练阅读时的思考能力和阅读后的表达能力。邵鑫读书的阅读内容涉及不同类型的作品，文学、文史、文化作品都有，相对应的读书任务也有所不同。目前为止，我们一共设计了六种类型的读书任务：仿写型、改写型、补写型、创作型、总结型、思辨型。每一种读书任务，都是对于某种思考方向的引导。

（一）仿写型

第一类读书任务是仿写型。孩子们动笔的一大困难是语言表达很幼稚，有些孩子确实书读了不少，但是写出来的语言还是大白话。我认为这背后的核心原因在于他们没有学到那些优秀的语言结构。我所谓的语言结构，主要是指文章遣词造句时的逻辑关系。很多东西都有它的内部结构，比如演讲，熟练的演讲者往往会预设好演讲的几大板块，第一个部分可能是一个小引子，中间的几个部分可能就是演讲的几个要点，最后是一个让你印象深刻的收尾。古人写文章也讲究结构，"凤头""猪肚""豹尾"，这类说法就属于对文章整体结构的表述。怎样改善呢？先分析，然后模仿。这就是我们设置仿写型任务的原因。

对于仿写，分析和模仿缺一不可。很多孩子只重视模仿，殊不知没有透彻的分析在前，就不可能有到位的模仿在后。所谓分析，就是指分析优秀文本的结构特点，比如写作顺序、逻辑关系、句式句型等。这点非常重要，大家之所以迟迟没有进步，就是因为分析得太少。所以我要求我们的每一位领读官，在点评孩子的仿写任务时，不要说那些假大空的套话，什么哪里写得真漂亮啦，哪里要注意遣词造句啦，这类废话不要说，主要时间就花在分析原文的语言结构。首先要分析优秀作品的语言结构好在哪里，然后再分析孩子们的语言结构差在哪里，经过对比分析原文和同龄人作品，让你真正明白这段文字到底要如何模仿。

这是真正重要的事。大家不要把精力花在一些貌似有用、实际花哨的事情上。比如我看到有些老师喜欢写一大段读后感式的评语，或者替你改成漂亮的文字，甚至有的评语比原文都长，很多家长还很受用，觉得老师特别负责，但这些点评只是非常外在的东西，并不能够帮助学生发现并改进自己的问题。老师给你改得再好，都不是你自己的真实水平。最根本的还是自己彻底搞懂问题到底出在哪儿，怎么改进才有效。我一直信奉孔子的一句话，"不愤不启，不悱不发"。在做仿写任务的时候，你先要尽自己的全力去思考分析，这个过程或许会遇到重重困难，但不要紧，越是遇到百思不得其解的地方，你后面的收获就会越大。等领读官在直播时分析完结构，你就会恍然大悟，你们实际上共同完成了一次最有效的点评。所以，不要去拘泥于形式，老师不一定要批改几遍，学生也不一定要修改几遍，要关注本质问题的思考与解决。

事实上，在真正解决了结构问题之后，孩子们的创造力是非常惊人的。给大家展示一下我们春季读书会上的几个例作。

例1：
【段落原文】

霍乐威尔田园的真正迷人之处，在我看是：它的遁隐之深，离开村子有两英里，离开最近的邻居有半英里，并且有一大片地把它和公路隔开了；它傍着河流，据它的主人说，由于这条河，而升起了雾，春天里就不会再下霜了，这却不在我心坎上；而且，它的田舍和棚屋带有灰暗而残败的神色，加上零落的篱笆，好似在我和先前的居民之间,隔开了多少岁月;还有那苹果树,树身已空,苔藓满布,兔子咬过,可见得我将会有什么样的一些邻舍了,但最主要的还是那一度回忆,我早年就曾经溯河而上,那时节,这些屋宇藏在密密的红色枫叶丛中,还记得我曾听到过一头家犬的吠声。

——选自梭罗《瓦尔登湖》(徐迟译本)

【优秀仿写】

海滨沙滩的真正魅力之处,在我看是:它的幽静与闲适,远离市区的喧闹,远离最近的小区也有半里路,并且有一大片的老树林把它和闹市人群的喧嚣杂乱隔了开来;它依山而落,这里的人们说,面向大海,抬头是清澈、回首是翠墨,仰望是湛蓝、俯身是微黄,这山,添缀了几分雅致,此景,谁能不爱呢;而且它的海风带有一股清新自然,阡陌依依,偶尔有几块石头,也零零落落,与我先前所见那些拥挤而刻板的"伟大工程",有着天壤之别;还有那疏疏的几株竹子,叶已经开始萎黄,竹杆久经风霜蒙上了一层灰白,依稀可见海鸟的爪痕,便知道我会碰见一些怎样可爱的伙伴了;但最主要的还是那一度回忆,数年前旅行时,夜游至此,乱石萧竹大半淹没在夜色之中,也仍然记得,海浪相撞,清脆的声音是多么动听。

——王钦靖,山东潍坊,12岁(邵鑫读书成员)

很多成年人看完都非常感慨:12岁的孩子能写成这个样子,太厉害了。其实这个孩子的厉害之处,就在于他模仿的是一流的语言结构,而且模仿得非常漂亮。所以不要去死记硬背什么范文套路,扎实到位的模仿对于语言表达助益更大。当然,很多事情都要分情况讨论,背诵也是如此。当你反复地体会一段文字,实在是写得太好了,最后忍不住要把它记得滚瓜烂熟,这种背诵当然是提倡的。但是如果为了应付考试,应付检查,每天为了完成背诵任务而背诵,就没有多大意义。

例2:
【段落原文】

绿茸茸的草皮从每一面坡岸上披垂到水边,蛇一样的褐色树根在幽静的水面下泛着光,而他们的前方是一道拦河坝,河水泛着泡沫在坝下翻滚。

——选自《柳林风声》

【优秀仿写】

红彤彤的岩浆从每一个夹缝里流淌到海边,煤炭一样的黑色巨石在海面下窥视着一切,而他们前方是一座小岛,海水翻着海浪在岛前咆哮。

——贺正源,上海,9岁(邵鑫读书成员)

萧瑟的大雪不知从何处来,蔓延到小屋的门口,枯瘦得像是藤蔓一样的蛇在屋檐下蜷缩着,而他们面前是漫天的冰雪,雪花像天兵天将一样落下。

——余悦心,重庆,9岁(邵鑫读书成员)

这些仿写《柳林风声》文段的任务,也完成得非常优秀。你会发现孩子的创造力是非常惊人的,表面上他是在仿写,实际上他是在用孩子独有的想象力创造。

（二）改写型

第二类读书任务是**改写型**。如果说仿写是在原文的语言框架里填充自己的内容，那改写就是给你一段内容，请你换成自己的语言结构。这类任务主要是针对那些没话可说的孩子。例如，我在春季《水浒传》的读书会上安排过一个改写任务，要求把里面的一首小诗，用自己的语言改成一段描绘老虎的文字。

例3：

【段落原文】

　　毛披一带黄金色，爪露银钩十八只。睛如闪电尾如鞭，口似血盆牙似戟。伸腰展臂势狰狞，摆尾摇头声霹雳。山中狐兔尽潜藏，涧下獐狍皆敛迹。

——选自《水浒传》第一回

【优秀改写】

　　那老虎一身金黄的毛，爪子锋利无比，好似又长又弯的银钩，眼睛炯炯有神，仿佛两道闪电，尾巴在空中像鞭子一样挥舞着，发出呼呼的风声，血盆大口中，一颗颗牙齿像一把把尖刀，闪着寒光，直逼过来。它伸展身躯，全身紧绷，气势汹汹地准备扑过来，仰头一声长啸，声如霹雳，好像山岗也在战栗，山中山下的鸟兽都惊慌失措，深藏在窝中，不敢暴露丝毫，生怕被发现了行踪。

——朱莞萱，南京，12岁（邵鑫读书成员）

那老虎自山林尽头转过身来，那是一只真正的虎。它的毛色金黄，似缎子般光滑，毛与毛的缝隙处仿若能渗出滴滴鲜油。一片金黄中蒂着条条黑道，如墨染，似火灼烧，它的眼里发出幽幽的光，那是饥饿的信号，缓慢悠闲地转过身来，看似漫不经心，但那犀利的眼神。好似箭向你射来。它抬起一只爪，尖尖地，亮亮地反射着太阳的光，忽而那虎腾空跃起，似闪电般迅速，和着残阳如血，自有一种气魄。忽而转身，尾如侠女手中的金鞭，又张开大口，扑过来。那牙如戟般锋利，那口如血盆般庞大，散发着浓烈的腥味，昭示着一个生命惨烈的落幕。它摇头摆尾，伸腰展臂，雄健地奔跑在山石上。速度似比羚羊还快。步步生威，整座山都为之震荡！而前面的猎物早已跑得气喘吁吁。一声怒吼如霹雳，只剩下猎物那不断蹬踢的腿还兀自颤动。带着满石的血，映着落下去的日。山中无狐无兔，无獐无狍，只剩下那虎，在这落日中，当着山的魂魄。

——马艺滔，银川，12岁（邵鑫读书成员）

改写类作业基本上不需要担心孩子无话可写。每次读到孩子们写出来的东西，我都很感慨，千万不要小瞧了孩子的语言创造力，他们的想象力和创造力是远超我们的。

（三）补写型

第三类读书任务是补写型。比如在春季的《三体》读书会上，我们留了一个有趣的任务：假设主题是"赞美一位不被他人理解却依旧坚守艺术传承的老人"，如何在原文中补充一段充满想象力的描写。

例4：
【段落原文】

我听见一阵小提琴声，好像是莫扎特的一首曲子，拉得不熟练，但有一种很特别的韵味，仿佛时时在说明，这是拉给自己听的，而自己也很欣赏。琴声来自坐在大厦正门台阶上的一位流浪老人，他蓬松的银发在风中飘着，他脚下放了一顶破礼帽，里面的零钱并不多。【请在此处插入补写内容】但他回头看时，见那位老人仍若无其事地坐在那儿拉琴，他的银发在太阳的光芒中像燃烧起来似的。这太阳就是银色的，与老人头发一样的颜色，它将一片银光撒向大地，但我从这光芒中感觉不到一点儿暖意。

——选自《三体》

【优秀补写】

路旁不少人走过，大部分都对他视而不见，有的还厌恶地看他几眼。一个年轻人走过，见老人很可怜，便给了他几块钱。年轻人又问道："老人家，你这是拉的什么曲子啊"老人没有抬头，默默回了一句"知道又怎样呢"，接着又不说了。年轻人见状，准备离开，又传来了老人的声音："唉，现在愿意这样静下心来拉琴的人，是越来越少了啊……"年轻人停下来脚步，慢慢回过头来。

——李东齐，青州，13岁（邵鑫读书成员）

补写型任务也需要发挥想象力和创造力，而且会唤醒孩子对细节的重视和感觉，我们也很欣喜地看到，孩子们都是有能力做好的。

（四）创作型

第四类读书任务是**创作型**。例如，在《古文观止》读书会上讲到《曹刿论战》这篇古文的时候，我们要求孩子们结合文本内容，独立创作写一段文字，想象当时的战争场景。

例5：

【段落原文】

公与之乘，战于长勺。公将鼓之。刿曰："未可。"齐人三鼓。刿曰："可矣。"齐师败绩。公将驰之。刿曰："未可。"下视其辙，登轼而望之，曰："可矣。"遂逐齐师。

——选自《曹刿论战》

【优秀创作】

春寒料峭，战旗飘摇，强大的齐军似低低的乌云，压得鲁军喘不上气来，似有种"黑云压城城欲摧"之势。太阳刚刚升起，士兵的甲胄闪着金光，刚刚苏醒的长勺还不知道自己的命运已被放置在赌桌上，参与这场命运赌局的，是实力悬殊的齐与鲁。

庄公神色凝重，眉宇间萦绕着忧愁。同乘着兵车的，是曹刿，炯炯目光中透着坚毅，双手握拳，似乎攥着胜利的筹码。庄公准备下令击鼓进击，曹刿手一举："现在不行，时机未至。"庄公只便列队，严阵以待。

忽然，齐军以排山倒海之势压倒过来，似山洪暴发，士兵们双眼发红，面露杀气，喊着号子，势必要拿下此战。他们挥刀引弓，骑尘而来。鲁军士兵们先按兵不动，等待号令，于最佳时机出击迎敌,此严明之军纪,令人佩服。齐军三击战鼓后,见鲁军迟迟未作出正面回应,士气不断衰竭,士兵们也渐渐放松下来。而就在此时,曹刿一声令下:"进攻!"只见鲁军士兵全力出击,用刀,用枪,用矛,用身子挡,用牙齿咬,吼着,喊着,咆哮着,坚持着,似堤坝,似山岭。内心里一股必胜的坚定信念植于每位战士的心中。

鲁军将士们如今如血沸腾,积攒已久的激情与斗志都在此刻爆发。在鲁军战士的坚定信念、时机把握和英勇作战下,强大的齐军最终败下阵来。

庄公见此景,喜上眉梢:"追击……""万万不可!"曹刿厉声道。他跳下车,仔细检查着齐军的车辙,又登上车,倚着横木,眺望齐军,最后如释重负地长舒一口气,"可以了。"

——纪博勋,成都,14岁(邵鑫读书成员)

可以看到这个孩子的语言感觉是非常好的,创作型任务对他而言如鱼得水。在原文的基础上,他发挥自己的想象力,长短句式搭配得当,修辞运用巧妙,语言结构已经有了长足的进步。

(五)总结型

第五类读书任务是**总结型**。这个任务适合年龄比较小的孩子。对于小孩子而言,理解文本可能会有难度,就可以通过**陈述总结类的练习**来提升他的**概括和表达能力**。例如,读完《简明中国近代史》,我们会要求孩子有逻辑且有层次地总结近代史经过了哪几步。很多孩子读书时都缺乏这种概括总结的能力,他们经常会被情节牵着鼻子走,而忘记了作品的整体结构和逻辑。这一类的读书任务就可以帮助训练孩子们的概括能力与逻辑思维。

（六）思辨型

第六类读书任务是**思辨型**。这类读书任务要求练习者自己有独特的思考、认识和理解。例如，阅读《苏菲的世界》时，我们要求孩子们根据所读内容思考：为什么自然派的哲学家最后要脱离神化的范畴？其实，最后的答案不是最重要的，重要的是通过提问引导孩子在读书时进行**深度思考和逻辑化表达**。

以上就是我们目前为止读书会最常用的六类读书任务。我要求所有领读官对每次读书任务进行评优，并在下次直播中予以展示和点评。正所谓"独学而无友，则孤陋而寡闻"，孩子们要多去了解身边优秀的人在做什么，如果你发现自己的同龄人做得非常好，这本身对你来讲就是一种鞭策。这些优秀的例子也会给每一个坚持认真读书和思考的孩子以信心：只要在正确的方向上持续努力，就一定可以做到让自己满意。

四、明确读书要求，带着思考读书

我简单说说读书的具体要求，也是参加邵鑫读书的具体要求，希望各位知晓并为之努力。

首先，**读书方面的要求**。我想再次强调，大家是来读书的，不是来听课的。读书会只是帮助孩子们把书读好的方法、手段、工具、途径，而我们的目的永远是高质量地读书。所以读书方面我会有四个要求。第一个叫**提前阅读**。我们每一次布置任务时，都会提前告诉孩子们接下来要阅读的内容。你们要跟着节奏来，坚持每周读书，不要累积自己的读书任务。第二个叫**原汁原味**。不要去读那些改编版、青少年版或者漫画版，要坚持阅读原文。第三个叫 思考感受。读书时活用大脑去思考，敞开心灵去感受，多主动提问。第四个叫 自主查阅。不要一有问题就问老师问家长，要学会借助工具自主查阅，别人的答案远远没有你自己的探寻重要。

其次，直播方面的要求。有四条：一是 认真听讲。不要过于在乎形式，不要片面追求所谓的互动，更应该在乎的是领读官的思考和分析过程。二是 参与回答。在直播过程中，领读官会提问，每个问题都是引导你们思考的方向，要认真思考，积极回答。三是 回看巩固。直播结束后，如果有没听明白的地方，要记得看回放，及时巩固，不要让困难积少成多。四是 重读提高。每次领读结束，不代表你的书读完了，要结合直播中的分析再次阅读相关内容，这一遍你会有更大收获。这些也能帮助我们慢慢养成很好的阅读书惯和思路。

最后，任务方面的要求。一是 主动思考。看到读书任务的时候，不要去网上搜答案，要自己动脑子认真去想。二是 提前完成。读书任务要在直播之前完成，这样你在听领读官讲解分析的时候，才会有更大收获。三是 认真听讲。讲评任务时候的分析非常重要，一定要仔细听讲，彻底理解。四是 学以致用。我们的读书任务，最终还是为了帮助大家提升思维能力，解决现实问题。

以上三个方面，不只是邵鑫读书的参加要求，更是帮助孩子们明确日常读书思考的要求。希望各位家长也能明白要从哪些方面去督促孩子，引导他们走上正确的读书之路。

我们都有读书和思考的权利，这本身就是一种幸福。希望大家重视读书，爱上读书，学会思考，通过读书成就你的人生。

新课标出台后，青少年应该如何读书

2022 年 5 月 4 日

今天的主题是：新课标出台之后，青少年应该如何读书？这也是最近很火的话题，前不久新课标刚刚出台，很多家长开始焦虑到底该何去何从。就此机会，我想跟大家主要来探讨三个问题，也是三个重要内容。

第一个问题：新课标出台之后，读书形式有哪些变化？ 新课标出台，其实有着非常重要的意义。首先，我们需要弄清新课标是什么。教育部新发布的课程标准，我们统一称它为"新课标"，而课程标准则是国家对基础教育课程的基本规范和质量要求，是教材编写、教学、评估和考试命题的依据，是国家管理和评价课程的基础。在学校里，孩子们为什么去学习，将会怎么学习，学习的目标是什么，等等问题都可以在新课标当中找到答案。就语文而言，大家需要关注两个文件：一个是义务教育课程方案的总纲，一个是语文学科的课程标准。

第二个问题：新课标下，孩子应该读哪些书？ 新课标出台后，有家长翻看了教育部发布的中小学生阅读指导目录，说有几百本书，这下愁坏了。其实，并不是让你把这么多书一下子读完，但新课标要求孩子们读的书确实要比以前多得多。

第三个问题：新课标下，青少年怎样读书才有效果？ 这里的"有效果"，不仅是要提高学生的修养，还要促进他们的学习成长。

第一个问题：新课标出台之后，读书形式有哪些变化？

新课标的具体内容非常多，但最核心要看懂的只有三句话，其他内容都是围绕这三句话延展出来的。也可以说，这三句话是整个新课标的"本"，读懂它们，你就明白哪些事情应该做，哪些事情不该做，哪些事情多做、哪些事情少做。我常提到《论语》里的一句话："君子务本，本立而道生。"聪明人做事关注的都是 底层逻辑 。新课标的底层逻辑就是国家为什么要做这样的教育改革，或者说出台新课标的 核心目的 是什么？你只要读懂了核心目的，跟它越接近的事，你就越可以放心大胆地去干；跟它相违背的，你就千万不要去做。孩子们未来的学习方向就与之相关。

第一句话叫做"育人导向"。

也就是从以学习知识为目的，转为以培养人才为目的。新课标课程方案的前言里有这样一句话：随着义务教育的全面普及，教育需求从以前的"有学上"变成了"上好学"。如今已经是一个教育全面普及的时代，未来孩子们的学历只会越来越高。这是国家战略上的大趋势。20年前的大学生还很光荣很受欢迎，现在的大学生和研究生已经比比皆是了。

在这样的新形势下，国家的人才培养战略已经不仅仅是让孩子们有学上，而是要他们把学上好，从以往追求数量转变为提高质量。

上学不是敲门砖，敲完门就把砖头一扔的做法，已经远远不能满足当今社会发展的需求。在这个日新月异的时代，知识不断更新，信息不断更迭，只有那些具有独立思维能力和学习能力的孩子，才能够适应未来的学习和工作要求。当一个孩子毕业后走上社会，他可能用不上学校里学的任何内容，但学校培养的学习能力和解决问题的能力，可以让他不断应对新的挑战。这叫是从"有学上"转为"上好学"，我们必须要让孩子成为真正适应时代发展的人才。

后面还有半句话来具体解释：必须进一步明确培养什么人、怎样培养人和为谁培养人这三个问题。第一，国家想要培养的是能独立思考、解决问题、分析问题的人才，是心灵健康、人格健全的人才。靠大量刷题和报班堆出高分，这已经是过去的想法，并不符合国家培养人才的需求。第二，培养孩子的方法是给孩子机会去探索世界。在培养孩子过程中，不能只要求孩子做题和上课，还需要多实践，多读书，多给他独立思考问题和解决问题的机会。第三，我们要培养的是社会主义接班人与未来的国家建设者，整个国家的传承与发展都寄托在他们身上。

总之，这些点汇集到一个中心就是育人导向，它和以前的知识导向大相径庭。几十年来，学生学习大多是以知识为导向的，孩子们去学校的目的主要是学知识，谁掌握更多信息，谁就拥有更多机会和竞争力。但在知识大爆炸的今天，知识信息随处可见，它们本身不再是核心竞争力，我们更需要培养全方位发展的人。这就是我理解的新课标的第一个特别重要的句子，其背后的底层逻辑就是育人。只要抓住育人这个

"本"，就能明白哪些做法是对的，哪些做法是错的。背套路、搞刷题并非育人，人才是靠读书、靠实践培养出来的。

第二句话是"培根铸魂，启智增慧"。

这八个字如实道出了学习最终要发挥"培根铸魂，启智增慧"的作用。什么叫培根铸魂？根就是我们中国人的文化根基，我们必须要对自己的国家历史、传统文化有一定的了解。魂就是我们的心灵，要有自己真实的情感和思想，而不是行尸走肉。如果你写作文的时候想的都是怎么背套路，而不是追求真情实感的表达；想的是用什么模板能拿高分，而不是如何传递文字的美感，这就是丢掉了根和魂。而事实是，这样写成的文章往往得分也并不高。学习是为了让孩子变聪明的，不是让他们变傻，套路和死记硬背只会让孩子的大脑变得懒惰，这就不符合新课标的方向。

第三句话是"发展核心素养"。

义务教育语文课程培养的核心素养是文化自信和语言运用、思维能力、审美创造的综合体现。语文的核心素养到底是什么，这里有非常清晰的解释。所谓核心素养，不是让我们去翻故纸堆。真正的核心素养有四个词，第一个叫文化自信，第二个叫语言运用，第三个叫思维能力，第四个叫审美创造。在这四个词语当中，哪个最重要呢？如果你的语文学得好，一眼就能分析出答案：四个词语并不是用顿号隔开的，它们的地位也并不是完全并列的——"文化自信"后面用的是"和"而不是顿号，就证明文化自信的分量等同于后面三个词的分量之和。所以，仔细分析句子结构，就可以看出"文化自信"在四大核心素养中处于最重要的位置。

所以，核心素养分为两个方面，一个叫 文化自信，一个叫 学科能力，后者又具体包括了语言运用、思维能力、审美创造三种能力。语文的学习目标，也就是了解中国源远流长、博大精深的文化，树立文化自信，并训练语文学科的三种能力。

总结一下这三句话。第一句话"育人导向"，就是新课标目的是 培养人，不是去培养做题机器和书呆子。第二句话"培根铸魂，启智增慧"，就是要培养具有传统文化底蕴的、有独立思考和感受能力的人；要让孩子通过在学校的学习，掌握终生学习的能力，变得越来越聪明。第三句话"发展核心素养"，就是培养文化自信和语文的学科能力。真正的教育就是某天或许你已忘记了老师教给你的所有知识，但你依旧有能力应对现实遇到的所有问题。

我讲到这里，再请大家思考一下，为什么语文变得如此重要？我想，主要就是因为要育人和培根铸魂，语文是先锋。所以新课标下，语文的课堂时间占了总学时的22%；作为选拔人才重要途径的中考、高考，关键学科也一定是语文。

想要学好语文，主要靠读书。我给大家分享三位教授的观点。

第一位是清华大学的王文湛教授，他也是原教育部基础教育司司长、国家副总督学。王文湛教授曾说，语文是基础的基础，阅读是语文的基础，阅读的能力培养不亚于语文课。如果我们小时候不读书，靠着小聪明或做题套路上了初中、高中，总有一天是要回过头来吃这个"不读书"的亏的。名著名篇是中考、高考阅读当中的必考内容，但是对很多功利性较强的人来讲，考试不考就不会去读。

第二位是北京大学的温儒敏教授，是我当年读书时北京大学中文系的系主任，也是后来部编本教材的总主编。温儒敏教授曾说，我们的语文课为什么花这么多的时间还是学不好，就是因为读书读太少。他还说过，语文学习一定要抓好培养读书兴趣这个"牛鼻子"。以前有家长跟我说："我们家孩子时间特别紧张，我们要花更多的时间去应付考试，哪有时间读书？"这就本末倒置了，时间一定要花在最重要的事情上，而**语文学习最重要的事情就是读书**，书读好了，其他都水到渠成。

刚发布新课标的时候，有家长夸我料事如神，怎么就想到要做读书会了，还说我之前表达的很多观点都符合新课标的改革方向。其实教育改革的信号早就释放过好多次了，只不过很多人只关注周围在做什么，而没关注国家在提倡什么。部编本语文教材刚出来的时候，就反复强调过"以读书为要"、"新教材专治不读书"，只是很多人并不在意。在改革的浪潮中，眼睛望向远方的人，才可以成为弄潮儿，历史已经无数次证明过这一点。我也相信，越早重视读书的人，未来越能够享受这一次教育改革的红利。

第三位是北京大学中文系的漆永祥教授，有三十多年的高考作文阅卷经验。漆教授说批改高考作文时发现，现在孩子们的高考作文通篇下来都不好好讲话——写篇文章绕来绕去，堆砌了好多不知所云的词，阅卷人都不知道他在讲什么。写作其实特别简单，就是给你一个话题，就这个话题表达你自己的想法或感受。结果有很多学生虽然凑够了作文的八百字，但是表达的内容和主题根本就没有关系。

漆教授说："写作，其实就是写自己，写自己的感受，写自己的生活，写自己的甘苦，写自己的灵魂，写自己的哪怕一点点的小小的体会。""无论什么题目，遇到什么材料，我都鼓励学生接地气，谈自己的生活，不要事事跟国家挂钩，句句跟民族关联。"大家不要以为写国家、民族就是立意高深，如果不是有感而发，写这种"假大空"的内容在中考、高考中一文不值。这也是为什么有些孩子在学校里写作文分数挺高，一到中考、高考就"发挥失常"。也许你的文章在一些老师看来很吃香，但真正拿到站位很高的中考、高考阅卷人面前，问题会暴露无遗。试想，一个言之无物、虚伪造作的人，怎么可能符合国家选拔人才的标准呢？

所以，要提高写作，最重要的还是要言之有物，写自己的真情实感。真情实感从何而来？除了留心观察和体验生活，主要就靠读书。建议学生在初中、高中阶段，多一些读书，多一些实践，倡导经典阅读，坚持几年，读下来必有效果。假以时日，语文素养也自然提升，写作能力自然提高。一个人要想身体素质好，不能全靠吃药，要长期坚持锻炼才能增强体魄。读书也是如此，读书不是一口吃成胖子，它需要长久的耐力。

针对"为什么学好语文主要靠读书"，我列举了三位教授的话，从三个维度回答了这个问题。王文湛教授是在宏观层面的解读，温儒敏教授是在课本教材层面上的解读，漆永祥教授则是在考试选拔层面上的解读。从宏观层面到教材层面再到考试层面，全都在讲一件事——**重视读书，才能学好语文**。

针对如何准确认识政策和判断形势，我也在这里给出三个建议。

第一个建议：多看远处。要多研究未来需要什么样的人，让自己努力适应未来的变化，而不是看以前别人怎么做的，就盲目跟着怎么做。适应未来才能够赢得未来。

第二个建议：多看高处。不要沉迷于研究自己身边的人在干什么，而要多往上看，研究"双高"——"高层"和"高手"。研究"高层"，就是政策制定者、规矩制定者，他们在想什么。研究"高手"，就是真正特别厉害的人，他们在干什么。有一句话叫做"取法乎上，仅得其中；取法乎中，仅得其下"。哪怕最后达不到你的理想目标，眼睛也一定要朝上看，尽可能地让自己朝着高标准的要求去做事。

　　第三个建议，要抓主要矛盾。中国有句老话，"好钢要用在刀刃上"，所谓高效，就是把最主要的时间用在最重要的事情上。没有时间读书的学生，或者学习效率低的学生，一定是因为你把时间花错了地方。读书本来就是学习语文最重要的一个方式，所以抓住主要矛盾，才能高效率。如果有家长问我："老师，孩子应该每天花多长时间读书？"我的答案永远是尽可能花最多的时间去读书。

　　以上就是我要讲的第一个问题——新课标出台之后，读书形式到底有什么变化。未来，语文学习的成果直接取决于你的读书情况，这就是读书形式的最大变化。

第二个问题：新课标下，青少年应该读些什么书呢？

　　在这个问题上，我仍旧坚持我的一贯主张，那就是多读经典。其实在学校里、课本上，都推荐了很多适合青少年阅读的经典作品，要努力把它们读好读透，不要盲目拼比阅读的数量。经典作品经过了时间无数次的检验，它们可以真正培养孩子的语言运用能力、思维分析能力、审美创造能力和文化自信。具体来说，这些经典书目可以通过以下四种途径得到：

　　一是部编本教材指定必读书目，比如，七年级的孩子要读《朝花夕拾》《西游记》《骆驼祥子》《海底两万里》等。这些是课本上白纸黑字写着的经典，学生把它们读好是关键。

二是部编本教材推荐阅读书目。教材推荐的书虽然不是"指定必读"，但它们为爱读书、想读书的孩子指明了课外阅读的方向。

三是部编本教材的选篇出处。例如，七年级学习了《世说新语》里的《咏雪》和《陈太丘与友期行》，那同龄孩子就可以尝试阅读《世说新语》的其他篇目。

四是文科类学习内容的相关书籍。文史哲不分家，在人文方面有浓厚兴趣或更高要求的孩子，可以多去阅读一些历史或哲科作品，不要仅仅停留在教科书层面。比如，历史课上学了唐朝，就可以找关于唐代历史的书来读，如《哈佛中国史·唐代篇》。这就叫文科类学习内容的相关书籍。这一点也刚好符合新课标里提到的"跨学科学习"和"学习任务群"等要求。语文的学习绝不是掌握知识点，它需要建立在广泛阅读的基础上。

以上四类书籍，就是新课标形势下我建议青少年阅读的经典。读书不需要绞尽脑汁地打听偏方，先把那些耳熟能详的经典作品扎扎实实地读好。记住，贪多反而嚼不烂。

第三个问题：新课标下，青少年怎样读书才有效果？

很多孩子目前最大的问题是不会读书，读了之后没有效果。在此，我给大家提四个建议。

第一个建议是**长期坚持，培养习惯**。读书就像运动，不是一天两天的功夫，但是你只要长期坚持下去，一定会有成效。每天都可以拿出固定的时间来读书，时间最好放早上或晚上，因为这段时间是最不受人打扰的，尽可能把读书变成一种习惯。

时间都是可以挤出来的，没有时间读书永远是借口。只有不重视，没有没时间。如果你真正意识到读书的重要性，你一定可以挤出时间去读书。我以前看过一则温儒敏老师的采访，记者问他，现在的初中孩子都这么忙，作业这么多，哪有时间读书？温老师的回应很有意思，他反问了两个问题。第一个问题是，难道不布置作业孩子们就会去读书了吗？第二个问题是，难道上了初中的孩子们就不玩游戏了吗？有很多伟人都说自己的最大爱好是读书，而且每天都坚持读书。孩子们再忙，难道忙得过他们？所以说，如果真想做，永远有时间；如果不想做，永远有借口。如果认准了方向，就不要三心二意，坚持到底，自然会有收获。就像种一朵花，不要期待今天播下种子，明天就能发芽，后天就能开花。你要以时浇灌，然后静待花开，而不是揠苗助长。

举几个我们在读书会上看到的例子。一位家长说，孩子无论多忙，每天晚上9点下晚自习回家都会阅读。这就是一种兴趣与坚持。有一个孩子说，现在读书越读越通，一读文章就很快乐、很兴奋。还有一个孩子正读八年级，他拍了一张自己语文课本的照片，上面写满了密密麻麻的批注，而这些批注都是他在预习的时候自己写上去的读书体会，而不是知识点。这些孩子都从读书当中找到了乐趣，他们不是为了完成任务，而是在做一件自己认为有益且真正喜欢的事。

第二个建议是<u>营造氛围，经常交流</u>。"龙生龙，凤生凤，老鼠儿子爱打洞"，这背后不仅仅是遗传基因在起作用，也有氛围层面的原因。家庭氛围会极大程度地影响孩子的习惯。家长自己在外边看电视、搓麻将，反而要求孩子在屋里认真读书，这是很难实现的。如果家长想让孩子读书有效果，首先请从自己做起。有条件的家长，在家多看看书，建立一个属于家庭的读书氛围，这就叫"家风"。哪怕你没有多高的文化水平，但是要表现出尊重知识、重视读书的态度，这一点会深深地影响孩子。

我希望家长跟孩子们一起读书，跟孩子进行心灵沟通，这是最好的亲子活动。在读书会上，我也看到有很多家长比孩子听得还过瘾、读得还认真，他们说有些书在当年上学的时候也没有读懂过，如今重拾，不但自己得到更多收获，也和孩子有了许多共同话题。哪怕单从读书方式上说，我也是不主张一个人闷头读书的。如果只是一个人苦读，终究会受到个人思维方式和感受方式的限制。《礼记》里说："独学而无友，则孤陋寡闻"，就是这个道理。读了书一定要交流，它会给双方都带来更大的提高，这也是一种独特的快乐，就像孔子讲的："有朋自远方来，不亦乐乎？"我创办读书会，也是希望给各位家长和孩子提供一个读书交流的渠道，大家可以和领读官交流，可以和同龄人交流，在交流中得到成长。

第三个建议是<u>动笔输出，学以致用</u>。读书不要只是看别人的热闹，要自己动脑思考并记录。"<u>不动笔墨不读书</u>"，读书是输入，动笔是输出。只输入不输出，效果会大打折扣。哪怕是从最基础的记忆层面来说，人的记忆都是有限的，你只有把它输出为自己的东西才能印象深刻。至于输出的内容，只要是真情实感，写什么都行。例如，写一写最有感慨的地方，模仿两个很漂亮的句子，或者写一篇读后感。我们在读书会上安排读书任务，也是为了让孩子读了书有思考，能输出。

举一个例子，在我的《孙子兵法》读书会上，一个小朋友写了这样一段话：

> 我们学校的男生他们感觉打仗很刺激很好玩，但是我在读了《孙子兵法》之后，我觉得最好还是不要打仗，打仗很费钱，还费人命。即使要打仗，最好像《孙子兵法》当中说的，"百战百胜，非善之善者也；不战而屈人之兵，善之善者也。"

这就是学以致用。不要纠结于读完书之后孩子阅读立马能提几分，能不能立刻写出高分作文。比这重要得多的是，我们很欣喜地看到，这个孩子通过读书对一些问题产生了自己的思考和认识，并且和她的生活建立了连接。有了思考，有了生活，孩子就会爱读、爱写，坚持下去，学好语文是必然的结果。

第四个建议是**高手引领，注重思考**。有句话叫"外行看热闹，内行看门道"，要多跟会读书、懂门道的人学习。好的读书人有三项看家本领：分析能力、审美能力和表达能力。分析能力让你明白作品到底要表达什么，审美能力让你知道作品写得好在哪里，表达能力让你把自己的思考与情感有逻辑且有美感地表达出来。没有这三种能力的读书人，往往是死读书。

但找到了好老师不并代表一劳永逸。还有句话叫"师父领进门，修行在个人"，入门重要，修行也重要。有的人没有跟对师傅，一辈子都在读书的门外徘徊；但即便是入了门，老师也只是帮你指明方向，思考、体会和感受的事，依然要靠你自己。就像禅宗里讲"以手指月"，老师只是那个用手指为你指明月亮方位的人，而你不要把指头当成月亮。

最后总结一下我们今天谈的三个问题。

第一，新课标出台之后，读书会成为未来学习中特别重要的一件事情。未来中考、高考的关键在语文，而语文的关键是要**多读书、会读书**。

第二，读书一定要读经典的书，经典就在身边，如部编本教材的指定必读、推荐阅读、选篇出处、文科学习相关内容的经典书籍就是我们需要的必读书目。

第三，有效读书的四条建议，包括：长期坚持，养成习惯；营造氛围，经常交流；动笔输出，学以致用；高手引领，注重思考。

期待大家和我们一起爱上读书，学会思考。认准方向，坚持到底，胜利就一定属于我们。

怎样读书才能掌握文章之道

2022年5月22日

研究任何事物，一定要研究它背后的规律，不要盲目地机械重复。如果你没有掌握事物背后的规律，仅仅想凭借努力取胜是很难的。

文章之道也是如此。读文章也好，写文章也罢，都有其内在的规律。今天有很多的孩子、家长，甚至一部分老师，虽然跟文章打了很久的交道，却也没有搞清楚文章到底是怎么一回事，究其原因，恐怕主要就在于对它的规律认识不足。

在此我想与大家分享我对文章之道的认识。在我看来，文章的阅读和写作是一体两面，文章之道不仅仅是读文章的方法，也是写文章的方法，一旦掌握了规律，二者都可以得到有效的训练。

一、有关读文章——透过文字发现联系，找细节，看本质

很多人一读文章就头疼，最主要的原因在于没有找到其中的乐趣。阅读文章的首要任务和最大的乐趣是<mark>发现文章内容之间隐秘的联系</mark>。好文章里的每一个细节都是有讲究的，内容之间一定会存在某种关联。我最喜欢探寻文章背后那些隐秘而巧妙的设计，这简直就像在推理，所以我常说，读书的快感跟玩推理游戏的快感是很相似的。阅读文章就如参观案发现场，需要仔细观察细节，分析背后隐藏的真相。

就用大家平时读不懂的、最头疼的文章来举几个例子吧。

例一：

第一个例子是鲁迅的《藤野先生》。鲁迅写自己在日本留学时，发现东京的中国留学生整天不务正业，盘辫子、赏樱花、学跳舞。鲁迅很失望，于是离开东京，前往仙台。文章是这样写的：

> "从东京出发，不久便到一处驿站，写道：日暮里。不知怎地，我到现在还记得这名目。其次却只记得水户了，这是明的遗民朱舜水先生客死的地方。仙台是一个市镇，并不大；冬天冷得利害；还没有中国的学生。"

这个段落貌似非常简单，就是写鲁迅当年从东京去仙台的路上途经了两个地方，令他记忆深刻，一个叫日暮里，另一个叫水户。这两处名字有什么特殊之处呢？我们要结合整篇文章的写作背景去理解。鲁迅当年去日本寻求救国之路，但是他失望地发现留学生沉迷于玩乐，没有真

正的报国之心。整篇文章的第一句话叫"东京也无非是这样",这句话其实隐藏着鲁迅失望透顶的心情。就在鲁迅近乎绝望的时候,他遇到一个叫"日暮里"的车站,和一个叫"水户"的地方。为什么偏偏是这两个名字让他难以忘怀呢?

先说"日暮里"。一方面,"日暮"就是太阳沉没的时候,当时的中国正像一轮即将沉没的太阳;另一方面,"日暮乡关何处是,烟波江上使人愁"。所以"日暮里"这个名字是符合鲁迅当时的心情的,也理所当然地触动了他的内心。

而"水户"则是明朝遗民朱舜水客死的地方,这是鲁迅自己在文章里补充交代的,如果不交代这点,一般读者就没办法读懂。所谓"遗民"就是国家灭亡后遗留下来的老百姓。明朝灭亡之后,朱舜水跑到日本去寻求救国之路,未果,最后客死在水户这个地方。而这又符合鲁迅的心境了,所以他由前辈想到了自己。鲁迅讲的这两个名字,都交代出来他内心那种绝望、低落的心情,这就是文章的隐秘之处。文学家不可能把自己想要表达的东西明摆着地告诉你,所以你要自己去破案,要自己去推理。

比如周杰伦有一首歌叫《简单爱》,歌词一上来就是"说不上为什么,我变得很主动,连隔壁邻居都猜到我现在的感受"。写词的人真的不清楚为什么自己会变得很主动吗?当然不是,隔壁邻居都猜到啦!虽然知道,但不能直接说,因为说了就"白"了,就俗套了。又如有人写"看着母亲劳碌的背影,不知道为什么,我的双眼湿润了"。写这句话的人不知道自己为什么双眼湿润吗?当然知道,只是涉及主旨情感,所以不能明说。假如换成"看着母亲操劳的背影,我瞬间感到伟大的母爱,妈妈对我太好了,我的眼睛被感动到湿润了",这种写法就太"白"了,反而不是好文章。

所以读文章的时候，永远不要忽视细节，细节的背后往往藏着作者的用心。鲁迅在《藤野先生》里写过这样一个细节："仙台是一个市镇，并不大；冬天冷得利害；还没有中国的学生。"大家想想，这三个短句之间是否有什么关系呢？仙台是市镇，是"地"清冷；冬天冷得厉害，是"天"寒冷；没有中国的学生，是"人"孤冷。三个小短句貌似毫不相干，实际上却交代了三个不同的层次：地冷、天冷、人冷。鲁迅当时那种灰心绝望、凄凉孤独、寒冷寂寞的心境，一望可知。而鲁迅为什么要在一篇回忆性写人散文中写自己心灰意冷的心境呢？联系后文，正是因为藤野先生是在鲁迅最冷的时刻带给了他温暖。这就是一篇文章中貌似无关内容之间的隐秘关联。散文最是讲究"形散神聚"，"神"就是文章的主旨情感，所有的内容都统率于文章的主旨之下。

例二：

第二个例子，还是关于鲁迅的，说说他的《从百草园到三味书屋》，当中有一段这样的文字：

> 于是大家放开喉咙读一阵书，真是人声鼎沸。有念"仁远乎哉我欲仁斯仁至矣"的，有念"笑人齿缺曰狗窦大开"的，有念"上九潜龙勿用"的，有念"厥土下上上错厥贡苞茅橘柚"的……先生自己也念书。后来，我们的声音便低下去，静下去了，只有他还大声朗读着："铁如意，指挥倜傥，一坐皆惊呢；金叵罗，颠倒淋漓噫，千杯未醉嗬……"

仔细分析这一段文字，我们突然发现学生读的所有内容都没有标点符号，为什么会这样呢？因为标点符号可以表示停顿，可以表示语气，鲁迅故意不给学生的读书内容加标点，就是想告诉我们，这些学生读书时根本不用心，完全是扯着嗓子瞎喊。所以后面还会有读错的地方："上九潜龙勿用"本该是"初九潜龙勿用"（出自《周易》），"厥土下上上错厥贡苞茅橘柚"（出自《尚书》），原文是"厥田惟下下，厥赋下上上错……厥包橘柚锡贡"……这也告诉你，学生们根本不明白意思就乱读一通，还有人念串了行。

于是鲁迅就用了两个词，一个叫"放开喉咙"，一个叫"人声鼎沸"。现在你再看，就知道这两个词用在这里多么贴切。

同样，学堂里的老师也在念书，但他念的内容有标点、有停顿、有语气词，还摇头晃脑，说明这位老师读书是非常投入的。这就和学生们念书的状态形成了一种鲜明的对比，多么生动和富有童趣。

例三：

再举一个让大家头疼的例子。周作人写过一篇文章《乌篷船》。很多人觉得这篇文章没有故事情节，所以看不下去。

"你如坐船出去，可是不能像坐电车的那样性急，立刻盼望走至。倘若出城，走三四十里路，来日总要预备一天。你坐在船上，应该是游山的态度，看看四周物色，随处可见的山，岸旁的乌桕，河边的红蓼和白苹，渔舍，各式各样的桥，困倦的时候睡在舱中拿出随笔来看，或者冲一碗清茶喝喝。偏门外的鉴湖一带，贺家池，壶觞左近，我都是喜欢的，或者往娄公埠骑驴去游兰亭，到得暮色苍然的时候进城上都挂着薛荔的东门来，倒是颇有趣味的事。倘若路上不平静，你往杭州去时可下午开船，黄昏时候的景色正最好看，只可惜这一带地方的名字我都忘记了。"

周作人曾说："我的家乡没什么好看的，除非你去看船。"为什么偏偏是船？这是因为船随波而行，代表了一种闲适、随性的态度，如果能够抓住这点，你就能明白文章的每一个细节都是跟"随性"有关系的。比如说，不能像坐电车那么急，其实就是弃置目的性，享受过程。又如，坐在船上最好是游山的态度，"游山"当然也是享受的心态。再如，困倦的时候拿的是"随笔"，冲的是一碗"清茶"。甚至文章提到的每一处景点，都与"随性放达"有着隐秘的关联：鉴湖为浙江名湖之一，以宽广著称；"性灵派"袁宏道有诗《贺家池》"强作舒眉诗，学饮宽肠酒"，喜洒脱；在壶觞这个地方，陆游曾写过《游山西村》，而壶觞此处还有许多酿酒的地方，酒又是代表着放达的人生态度。后面又说"骑驴去游兰亭"，而"骑驴"在中国文学传统中是极富诗意的，钱钟书先生就曾说"驴是诗人特有的坐骑"。这么一看，整篇文章无处不体现出周作人闲适的人生态度，以及他对不浓不淡、随兴所至之美的向往。

我们读文章，不仅仅是读那些漂亮的文字，更要透过文字去分析作者要表达的深意。很多人阅读的根本问题在于不思考，没有进行思维方面的训练。语文有四种核心素养，分别是语言运用、思维分析、审美鉴赏，以及文化传承。文章阅读的背后，首先就是在思维分析和审美鉴赏层面的一种训练。

二、有关写文章——表达自己

写文章的本质是表达自己。作为一个有情感的、有思考的、有生活的人,每个人都要学会表达自己的想法。写作是没有速成班的,今天的很多孩子提到写文章就头大,我觉得首先就在于急着凑字数,却没搞清楚写文章的本质。

(一)掌握写文章的正确顺序

在考场,写文章的正确顺序应该是审题、立意、选材、布局、组织语言,这个顺序是不能错乱的。但我看很多人学作文,一上来就想着怎么写出好词好句,这就是颠倒了主次。如果连话题都没搞懂,连主旨都没明确,就跑去写内容了,这样的内容一定好不到哪里去。

第一步要先审题。弄清楚题目是要你围绕什么话题来表达,有哪些限制和要求。比如前两天有个朋友给我看他们家孩子的作文,题目叫《不该错过的风景》。这个孩子就写自己在哪里看到了什么风景,如何如何优美,最后说这么美好的风景大家都赶紧去欣赏吧!这是题目想让我们写的东西吗?我想,要写好文章,先要做好阅读理解,把题目到底在说什么读明白、想清楚。什么叫"不该错过的风景"?"风景"表面是说自然风光,但我们要一个初中孩子写自然风光多漂亮有什么意义呢?很明显,这里的"风景"只是一种象征,它代表的是我们人生旅途上的那些经历。这么一理解,我们就明白,《不该错过的风景》这个题目不是让你去给某个景区做宣传,而是想让你谈谈生命中那些不该错过的美好。初中的孩子刚刚摆脱懵懂,已经开始有对未来的向往,或者对过去的遗憾,所以这个题目是很有话可说的,但可惜的是,不少同学连题目都没读懂。

做好审题之后，第二步是立意。立意就是你这篇文章究竟要表达什么，又称为"主旨"或"中心"，也是你对作文题目最言简意赅的回答。我看今天许多孩子写文章，连自己要表达什么都不知道，只顾着拼命讲故事、作描写、凑字数，这就像你在路上拼命跑，却压根不知道自己要去哪儿。立意就是你文章的目的地，是你整篇文章的根和魂，立意不明的文章如同行尸走肉。

写作一定要找准立意，抓住这个中心，再进行第三步，选材。"选材"不仅仅是确定要使用什么素材内容，还要确定哪些详写、哪些略写，而详略的主要依据就是内容与主旨的关系。越是与主旨相关的、越能表达主旨的，越要详细写；反之，则要简略写，甚至不写。假如说你要写母爱，那么越能表现母爱的细节，你就越要写得详尽和具体；离母爱这个核心越远的，你就越要少写，甚至不写。只有跟立意有关联的内容，才算真正有意义的内容。

第四步是"谋篇布局"，第五步是"组织语言"。在确定完作文应该写什么内容之后，再去思考如何谋篇布局，如何组织语言。我认为这两步的关键都在于"结构化"的能力。谋篇布局，强调的是整篇文章的结构；组织语言，强调的是具体段落甚至一个句子的结构。前者是大结构，后者是小结构。文采不行，有个重要原因在于结构太差。所以，想改善文字水平，一定要琢磨优秀的文章结构和语言结构。

因此我主张，让孩子通过读书分析，学习和模仿优秀作品的文本结构及语言表达方式，然后再运用到自己的写作当中，达到学以致用。比如鲁迅的《藤野先生》，写藤野先生出场的时候，同学都笑这个人平时特别不讲究，上课经常忘记打领带，上公交车被人当成小偷。但这样一个人，连学生画血管图的时候稍微偏了一点，都要仔细纠正。这就是用藤野在生活上的不修边幅去反衬他学术上的严谨。如果你看明白了这一点，其实很多写人物的文章都可以使用类似的结构。

今天很多人的写作顺序是反过来的，往往拿到作文题目就先想要写哪件事，或者要用上哪个优美的句子，或者要套上哪个所谓"万能"的模板。这样写成的文章没有灵魂，更别说想得高分了。

针对上面的五步，我再送给大家几句话。

第一句话，审题的关键是分析能力。 读书的时候，要训练自己分析文本的能力。

第二句话，立意的关键是真情实感。 文章就是表达你的情感与认知。无话可写的孩子，一要学会在生活中善于观察、善于总结、善于思考；二要多读书，读书就是在跟伟大的灵魂进行交流，我们和书产生共鸣，从书中得到丰富的情感体验与感悟。

第三句话，选材的关键是指向明确。 如果材料和你的主旨没关系，就不要作为选材来用。

第四句话，布局的关键是逻辑清晰。 例如，在鲁迅的《从百草园到三味书屋》中有这样的一段话："不必说碧绿的菜畦，光滑的石井栏，高大的皂荚树，紫红的桑椹；也不必说鸣蝉在树叶里长吟，肥胖的黄蜂伏在菜花上，轻捷的叫天子忽然从草间直窜向云霄里去了。"第一个"不必说"全是静物，第二个则全是动物；第一句顺序是从低到高，第二句则是从高到低。这就是有逻辑的表达。有些孩子在写作的时候只有一条非常单调的逻辑，他的文章来回反复地讲一个点，没有任何的层次感与

逻辑感。写作要想蜕变，一定要从好的作品当中去习得逻辑，丰富自己语言的层次。

第五句话，语言的关键是结构高级。最高级的表达方式往往可以在读书时获得，只有先读懂高级结构，才能写出高级结构。

（二）学生习作赏析

给大家分享同学们在《瓦尔登湖》读书会上写的两篇小作文。很多人都会觉得《瓦尔登湖》是催眠神器，但是如果你能把这本书读进去，它极强的思想性、文学性绝对会给人带来巨大的收获。读书会上有很多孩子在读完《瓦尔登湖》后，他的思维能力、逻辑能力、表达能力都得到了非常大的提升，甚至在看待问题时，也能不自觉地用上书里面的智慧。

例文一：

《冬天的访客》

（洪家润，汕头，14岁）

家乡地处南边，这里的冬天与北方的冬天大有不同，最冷的时候，放眼也没有一地雪白，不经意间总能瞥见繁茂的花草。但是，冬天的访客并没有在这里隐藏，或者收敛起来，倒是来得更突然了。

家乡冬天的访客中最典型的，莫过于是冷空气了。与北方潜移默化的入冬不同，家乡的冬天在某一个阶段跨度极大，可谓是"忽如一夜冬风来"，人们今日还身着秋衣，一觉醒来冬天就已经气势汹汹地来探访了。它远远赶来，给我们"送"上了大衣与棉被。空气有时变得很干燥，刮到脸上生生作疼。有时候冷空气会和雨姑娘联合,上演一台湿冷的大戏,湿冷的寒气从衣物渗透进骨髓,即使包裹得再严实,冷风也会像刀一样直往袖口领口切进去,使人感到阵阵寒意。

随着冷空气的拜访,一树木棉也所剩无几,落下的木棉花自然而然地成为了下一个冬天的访客。在风的助力下,它们在空中交织着,舞蹈着,让人们见识了一场来自南方的大雪。木棉花在落地的一刹那,便与四周融为一体。它们走访每一块土地,在每一个阴暗的角落里开始反射冬日温和的阳光,它们走访过的地方,都有了生机与光明。

到了最冷的时刻,黑夜与星光也成了冬天的访客,它占据白昼的位置,总是在特定的时间内走访我头顶上的苍穹,它总是会给我们留下一些礼物——那满天的星辰。这个时候,天地融为一体,上方是星光点亮夜空,下方是灯光照亮大地,它们的界限变得模糊甚至消失得无影无踪,这个时候,你再定睛一看,眼前就只剩下了一个无穷无尽的宇宙。

例文二:

《冬天的访客》

(王昊阳,北京,13岁)

北京冬天最常见的访客是刺骨的寒风。也许只有你在冬天面对风站立,才能深切地体会到什么是真的刺骨般的寒冷。屋外与屋内犹如两个世界。屋外的世界北风呼啸着,像一头发了疯的野兽,使足了劲来怒吼。而屋内世界虽有着暖气地暖,但内心还是禁不住打了一个寒颤。

北京冬季最受欢迎的访客是大雪。十一月时，漫天的白雪如白纱一般飘落下来，落到了楼顶，棉帽之上和小朋友们的手中。大多数的打雪仗都在下雪后的第二天进行。只见小孩子们手提一个装雪的桶，用铁锹疯狂地抢着地上、车上的"战略物资"，再运送至负责"制造弹药"的地方。那里的孩子手拿着制造雪球的工具，往桶里面一夹、一捏，就有一个雪球新鲜出炉了。在双方都准备好充足的"弹药"，找到一个合适的"基地"之后，一场充满欢声笑语的"战争"就打响了，随着两边同时喊出的"冲呀"，所有孩子纷纷拿起了"弹药"，冲着"敌人"身上一顿"扫射"……最后，这场"战争"以双方"谈和成功"，所有人放声大笑，尽兴而归。

北京冬季若隐若现的访客是寂寞。冬季与其他季节相比，昼短夜长，不能像夏天那样可以和小伙伴在户外尽情玩耍。猫在家里时不时会感觉到寂寞无奈，这时坐在暖气旁，悠闲地翻几页《瓦尔登湖》，看看梭罗是如何在瓦尔登湖度过寂静的生活。虽然少了些热闹，但可以像梭罗一样安静地思考人生和快乐地阅读名著。一个人的寂寞也许是狂欢吧。

第一位同学在写汕头的冬天时，他首先去拿北方的冬天做比较，这种写法其实在大量的优秀散文当中出现过，比如说郁达夫的《故都的秋》。后面他写了三段，首先写的是冷空气，然后是所剩无几的木棉，最后是黑夜星光。每一段都 言之有物，而且 有非常清晰的逻辑，而不是华丽辞藻的堆积。

第二位同学写的是北京的冬天，他写得也非常好，分类列举几种访客：北京冬天最常见的访客是刺骨的寒风；北京冬天最受欢迎的访客是大雪；北京冬季若隐若现的访客是寂寞。文章的最后说，"一个人的寂寞也许是狂欢"，这就是加入了自己的人生思考与体会，是很有效的心灵表达。

所以，真正提高写作水平的妙方，不是背范文，不是背万能开头与结尾，也不是背好词好句。写作的本质是表达自我，这一点我们永远不要忘记。我坚信，只要能够真的把文章读懂、读透，牢记阅读和写作的根本，所有阅读与写作问题都会迎刃而解。

读书是一种崇高而美好的智力锻炼

2022年3月11日

今天分享的主题是"读书是一种崇高而美好的智力锻炼"。这句话出自美国人梭罗的《瓦尔登湖》，其中有一篇专门讲到了阅读。梭罗在书里写道："阅读是一种崇高的智力锻炼。"今天，我把这句话作了一点简单的修改，添上了"美好"这个词。在我看来，读书不但是一种崇高的智力锻炼，而且它的过程是美好的，并不枯燥。

围绕这个主题，我想讲三个词。第一个词是"智慧"，第二个词是"美好"，第三个词是"崇高"。

一、有关"智慧"：阅读经典，启智增慧

"智慧"跟"聪明"不一样。仔细分析两个词的写法，似乎能看出一些区别。

"聪明"中的"聪"侧重于耳朵，听力灵敏；"明"侧重于

眼睛，视力优良。也就是说，"聪明"这个词，本意和人的身体条件相关，例如，看东西看得比别人清楚，或听东西听得比别人明白，等等，这些优势使得我们可以对外界做出更快速的反应，或者掌握更多信息。这就是"聪明"。

但"智慧"不同，尤其是"慧"字，很明显与人的心灵有关。如果我们认为一个人特别有智慧，往往不是指他的眼神好或听觉灵敏，也不是指这个人大脑的反应能力特别强或掌握的信息特别多，这些都不叫智慧。"智慧"往往是指一个人的心灵能力特别强，比如思考能力、感受能力等，他能透彻地理解外部的世界，能通达地面对自己的人生，他的内心往往是富足而安宁的，我觉得这个叫智慧。

"聪明"和"智慧"的具体用法也不同。我们在生活中提到"聪明"的时候，经常是说"小聪明"；提到"智慧"的时候，则喜欢说"大智慧"。我反正是没听过"小智慧"这样的说法，"大聪明"倒是听过，但明显是讽刺。可见，在我们的语言环境里，智慧是比聪明要高一个级别的，后天修炼的心灵能力和与生俱来的身体能力同样重要。

如果要在聪明和智慧里二选一，你们会选哪个呢？我会毫不犹豫地选择智慧。聪明的人生可能成功，但智慧的人生才能幸福。而且相比聪明，智慧可以后天培养，人的心灵能量可以通过长期修炼而得到提升。而读书，正是开启智慧的法门。

《瓦尔登湖》里还有一个观点，我也非常认可：好的作家在写作时，一定是非常谨慎地投入了大量的智力与精力的。因此，我们在阅读它们的时候也应投入智力与精力来将其进行"消化"，然后才能充分吸收这些营养。

今天的青少年在读书方面存在一系列值得关注与思考的问题。比如，有些孩子只热衷于对军事科幻类书籍或玄幻修仙类网络小说的阅读，而对其他种类的书籍却很难坚持读完。为什么会出现这种现象？我想有一个重要原因是，这些书满足了孩子们的猎奇心和"热闹感"，让他们在阅读过程中短暂地获得了身体上的快感。

但是，真正好的书应当是那些能够帮我们<mark>启智增慧</mark>的。好的作品应该能够激发读者的<mark>情感共鸣或深度思考</mark>。这些书往往能够打破时间的枷锁，生命力穿越时间和国度而并不衰减，从而被历代读者奉为"经典"。<mark>阅读经典的过程，就是与作者进行情感共鸣和思考共享的过程，也是启智增慧的过程。</mark>

比如，在阅读《红楼梦》的时候，不同的阅读方式最终会将孩子引向不同的学习方向。一种是"看故事"的读法，会关注贾宝玉最后和谁走到了一起，也会因为贾宝玉跟薛宝钗成亲而感到愤怒。用这种方法阅读经典，最后却读出了看言情剧的效果，其实际收获并不会比看电视剧多。相比而言，我更赞成在阅读时投入思考和情感，探求作品的用心，也<mark>用心体验作品里的人生百态</mark>。

以《红楼梦》为例，林黛玉初进贾府当属其中描写相当成功的一章，且因宝黛初会也发生在这章，所以它对整部作品相当重要。值得注意的是，文学原著与经改编后呈现在银幕上的影视作品之间是存在相当大的差异的。如果没有仔细品读过《红楼梦》原著，就很容易被影视剧误导。例如，在有些影视剧中，林黛玉进贾府已经是十多岁的姑娘了。而在原著中，黛玉进贾府时年纪非常小，约六七岁，如果放在今天，黛玉才上小学一年级。只有在曹雪芹的描写中，你才会发现林黛玉的敏感谨慎。

作为一个六七岁的小孩，第一次到外祖母家却处处留意、谨言慎行。她记得母亲生前的提醒，知道外祖母家与众不同，并且敏锐地发现，迎接自己的老太太们尽管作为最低等的仆人，吃穿用度仍比平常所见要贵气得多，因此一路便默默留心。所以这一章节的整篇文字都借的是林黛玉之眼，借用一个敏感孩童的视角来一步步将情节展开。诸如此类的==细节==其实就是我们在读书时真正应该去思考和体会的东西。

今天的孩子们到底需要什么？物质营养对很多一二线城市的孩子已经不是首位需求。如果要论聪明程度，很多孩子都远超我们当年。他们更需要的，是一些==心灵的智慧==。在我看来，真正的智慧指的是==内心透彻、知悉他人、了解自己==。当听别人在讲某些东西时，你知道为什么要这样讲，此时此刻他的心里在想些什么。对于自己也是如此，能将一些问题想得很通透，我觉得这个就是智慧。

这些东西都是读书可以带给我们的，除了读书，就是在不断实践中去磨炼习得。这也是为什么作为成年人的家长们能够洞悉和判断繁复的人与事的原因，因为他们经历的足够多。但对孩子来说，他们的人生经历是极为有限的，你不能要求一个孩子像一个大人一样老练。

那有没有能够启迪孩子心灵，让他们变得更加智慧的方法呢？当然是有的，那就是去==读书==，==有质量地去阅读经典==。

熟悉我的一些朋友应该知道，我从小到大特别喜欢语文，中小学一直是语文课代表，高考的三个志愿全是北京大学中文系，读完本科又读硕士，还做北京大学文学社的社长、辩论队的队长，算得上是一个语文学习的"专业户"了。为什么我如此热爱语文？因为语文涉及到一个人的思维能力、感受能力、审美能力、表达能力，阅读研究的就是如何分析、理解、审美、体会。

我希望大家明白，如果你想让孩子在情感能力、理解能力、审美能力、表达能力等方面有所提高，一定不能靠一些机械的方法，例如闷头做题、背书。怎么能让孩子自己学会思考，让他的共情能力和感受能力不断地提高呢？有一种方法就是通过不断地 见人历事，但这种方式更多是我们大人采取的。对孩子而言，一种更加"润物细无声"的方式就是 阅读经典。

二、有关"美好"：从阅读思考中感受美

我认为，读书是一件非常美好的事情。

在我的办公室里摆着各种各样的玩偶，有"火影忍者"，有"超级赛亚人"，最多的是"名侦探柯南"。我在很多场合都分享过，我是一个柯南迷，从小就爱看名侦探柯南。我为什么如此着迷于看名侦探柯南呢？因为我一直认为最好玩、最有趣的东西就是思考。一个事物一旦不需要你再去思考了，那么该事物的乐趣也将迅速消散。

给大家讲个小故事。小学时我家没有电脑，但我的一位同学家里有，偶尔我就跑去他家玩。那台电脑上仅有一个踢足球的游戏，而且还是用键盘来操作的。因为那个同学在家自己经常玩电脑，所以他就把 enter 键设置成了快捷进球键，只要一摁这个键就会进球。玩游戏的时候，只要快输了，马上按一下 enter 键，足球就莫名其妙进了对方大门。刚开始我们还很兴奋，但这样玩了没多久就感到很枯燥，因为它不需要思考，只是无聊的机械操作。最后，我们一致决定删除掉那个进球的快捷键，虽然我们常常输球，但仍然玩得"不亦乐乎"。

大家可以想一想，自己在日常生活中是不是也在经常做着这种类似的事情？

我还在上大学时，有段时间很迷王小波。他在《思维的乐趣》中表达过一个很有意思的观点：物质层面的快乐是短暂的，而且越频繁就越钝化。但思考层面的快乐是长久的，而且越思考越有趣。

读书的时候一定要思考，这是一种美好的体验。在读书会上，我经常问孩子们一些有趣的问题，比如孙悟空为什么姓"孙"？再比如，为什么要把孙悟空写成一只猴，而把八戒塑造成一只猪？

我觉得这些是我们在深度阅读的时候应该去想的问题，有了它们，读书会变得好玩起来。你在第一次读《西游记》的时候可能会觉得孙悟空真可爱，并只对那根变化无穷的金箍棒感到新奇，但这种兴奋不会持续很久。真正能够让你百读不厌的，一定是在读书过程中加入你的思考和感受。

比如第一个问题，孙悟空为什么姓孙？"孙悟空"这个名字，是菩提祖师取的，在《西游记》里有很明确的交代。"孙"代表的是"系子"，也就是婴儿。在整部书里，悟空经常被称作"心猿"，孙悟空这个名字，代表的正是赤子之心。我们今天有一个词叫"心猿意马"，心就是我们自己内心的种种感受与情绪，意就是我们的念想、意愿或意念。

佛家和道家都曾提过，一个人的心与意是很难安定的。比如很多孩子，学习时心不够安，意不够定。有的孩子坐在桌子面前，看上去是在学习，内心却早已飞到其他事上去了。成年人有时做事也不够专注，心绪容易被现实中的一些东西所扰乱。比如在一个原本平静高兴的早晨，也许因为前方车主的龟速行驶而愤怒顿生，一脚油门怼上去，于是整天的好心情都被破坏掉，这就是你的心很容易被外界影响。

在中国的传统文化里，无论是儒家、道家，还是佛家，其实都有讲过一些共同的东西，那就是不断地在思索一个人怎样做才能真正变得强大，人的内心应该是什么样子的。

孙悟空的形象本身就是人心的代表。作者想借这个形象告诉我们，每个人刚来到这个世界的时候，都只是一个小小的婴儿。而小孩子一开始是怎样的呢？是空的，心中没有喜怒哀乐。我们绝不会说小婴儿愤怒了，最多就是饿了的时候会哭，但这也只是一种生理应激行为，并不代表情感上的伤心。

随着我们年龄的增长，一开始空的心会慢慢积攒越来越多的东西，一些让我们越来越多放不下的东西。佛家中的"悟"就是要求做到心到人生的最后仍旧是空的，没有什么可以影响你。所以悟空的名字就是终其一生如何去修炼，去修身养性保持"空"。听到这里，我们会恍然大悟，原来孙悟空是这个意思。

我们还可以继续思考，《西游记》为什么要设置猪八戒这么一个角色呢？猪八戒是人物质欲望的化身，因此作品中也将其幻化成了一头猪的样子。儒家说"食色，性也"，所以猪八戒的两大爱好：一是爱美女，二是好吃。

再谈谈沙和尚这个角色。影视剧里的沙和尚只有简单的几句台词，"大师兄，师傅被妖怪抓走了！""二师兄，师傅被妖怪抓走了！"等等。一些小品和相声还借这几句话用作笑料和包袱，但大多数也都是根据电视剧去改编的，并非经典原貌。原著中真正的沙和尚是怎样的呢？我们首先需要想一个问题，沙和尚住的那条河为什么叫流沙河？书里写流沙河有一个特点，里面没有水，但是任何东西掉入河里都不会浮起来而只会沉下去。这又是为什么呢？

阅读原著，你会发现书中在写收服了沙和尚后，唐僧已经"了悟真如""顿开尘锁"。"真如"是佛家术语，指的是心，"了悟真如"的意思就是心灵得到了顿悟。"顿开尘锁"的意思就是挣脱开了身体上在尘世上的枷锁，因为此时他也已经收服了猪八戒，再加上跳出了"性海流沙"，做完这些后，师徒四人终于可以一路向西开始去历劫修行了。

"性海流沙"是什么？其实就是指我们活在这个世界上产生的各种情感。因为人是很容易陷在感情里的，不管是什么样的感情，都会越陷越深，就跟掉入了流沙河一样，你越挣扎越出不来。

作者想告诉我们，师徒四人在这条漫长艰辛的取经路上，要带上自己的心、意、性情及肉身等所有拥有的东西，再经过各种磨难的历练，最后才能修成正果，这就是《西游记》背后的内涵。

唐僧这一角色也有寓意。他的前世叫金蝉子，我们常常说金蝉脱壳，所以唐僧的本质其实就是一个壳，是把上面说到的这些东西给装起来的一个壳。《西游记》中写到，师徒四人西天取经的最后一关叫做凌云渡。凌云渡的底下是汹涌的洪水，上边是一座有且只有扁担那么宽的桥。面对这种险关，只有本事通天的孙悟空敢走，其他人都不敢走。这时来了一艘奇幻的船，叫做无底船，顾名思义，是一艘没有底的船。见此景，唐僧忧心忡忡地说："那跳上去不就死了吗？"徒儿三人就一起安慰和鼓励师傅登船。等唐僧最后鼓足勇气跳上了船，师徒顺利渡河时，从上游却漂下一具死尸来。聪明的悟空最先发现玄机，他对唐僧说道："师傅，那个人原来就是你。"

这句话是什么意思呢？意思是唐僧过了凌云渡就已修成正果，肉身这具躯壳就可以舍弃掉了。所以唐僧最后登上岸边时，他特别高兴地感谢三个徒弟说，谢谢你们一路陪着我、保护我。徒弟们也都很开心地说，谢谢师傅带我们来到这里。

你看，我们在读书的时候，就是在不断思考中发现真相，这样一个类似于解谜和破案的过程是很好玩的。我常说，==读书一定要保持好奇心==，越是未知，我们就越是要去想为什么，==要不断追问细节==——细节背后有真章。

文学作品最能体现这一点，越是要触动内心的地方，作家越要变着法子把本意藏起来，而==一个优秀读者要做的就是要通过思考和感受挖掘出文中的"宝藏"。==好的作家一定会将作品设计得相当巧妙，并且还会隐秘地给读者留下一定线索，但又不会让你轻易地就能挖出这些深意，这种智力上的较量类似于一种"心灵拔河"，是读文学作品时最有趣的地方。

读书的美好除了体现在思考的乐趣，还有很重要的一点，那就是它可以提升我们生活中的幸福感。

幸福感从何而来？我想，==它首先来源于美。==如果你觉得在这世界上在自己身边存在许多美好的东西，你就会感觉很幸福。为什么不幸福？就因为感知到的美太少。

罗丹曾经说过，世界上并不缺美，只是缺少发现美的眼睛。读书也是这样，书里面有很多美好的东西在等待我们探索和发现。

在一次读书会上，我带着孩子们共读了一篇朱自清的散文《冬天》。作者在这篇文章中讲述了三个故事。第一个故事是作者小时候，他的父亲带着兄弟几人一起在冬天煮豆腐吃。第二个故事是多年之后，作者陪同几个外地的朋友在西湖划船。第三个故事是又多年后，作者一家几口冬天一起去台州。

整篇文章就讲了这么三件事，散文的标题叫《冬天》。如果我们只把这篇文章当成一个故事去阅读的话，的确无法产生多大兴趣，甚至还会对作者到底想讲哪件事情感到疑惑，觉得没有重点，觉得文章跑题了。但仔细想一想，其中其实有许多值得品味的美好的东西。

朱自清的文章我们学过不少，比如说《背影》《荷塘月色》《匆匆》等。也许有的孩子本身不喜欢散文，加上老师又要求背诵，所以总觉得没意思。其实大家不妨去了解一下作家朱自清的人生经历。

朱自清的一生其实是非常坎坷的，虽然十七八岁时就考上了北京大学的预科班，但是和自己父亲之间的代沟却非常深，父子关系很不融洽。受限于时代，两代人接受的教育完全不同，理念也存在冲突，这当然也是那个时代的影响。在他父亲的眼里，父为子纲，孩子什么都应该听从自己的。但朱自清是一位新时代自由思潮教育出来的作家，他觉得我是我自己的，我可以尊敬父亲，但我的人生应该由我自己掌控。有一次，朱自清发现自己的工资被父亲直接领走了，还要以自己家长的身份来重新分配，两个人为此大吵一架。父亲觉得，朱自清是翅膀硬了，只顾自己而不管家族；朱自清觉得，父亲是干涉自己的财产自由。这次吵架的结果是，朱自清被父亲扫地出门，妻子也被迫带着孩子回了娘家。

朱自清和妻子间也是同样不幸的一段关系。原配妻子十四岁就被许配给了朱自清，在为他生了六个孩子后，因为操劳家庭，所以二十多岁时就病死了。妻子的离世让朱自清备受打击，本来自己和父亲的关系就僵硬，妻子又遭此罹难，他常常在心疼和难受中坚持着生活。

而朱自清和朋友间泛舟西湖的故事背景和《荷塘月色》相似。《荷塘月色》写于1927年，当时正值第一次国共合作破裂，朋友间老死不相往来甚至自相残杀的情况时有发生。

了解到这些，我们再来看《冬天》，会发现朱自清用淡淡的笔触写了三件事。

第一件事是小时候，爸爸给几个孩子夹豆腐吃，看着那个热气腾腾的豆腐怎么从父亲的筷子上掉下来，无比美好。第二件事是和朋友们冬天一起泛舟在西湖上，没什么人，大家聊得开心自在。第三件事是妻子活着的时候，怎么带着孩子们在窗口望着外出工作的丈夫回家。在整篇散文结束的时候，朱自清写了一句话，他说：无论怎么冷，大风大雪，只要想到这些，我心里总是温暖的。

"冬天"是什么？有一句话说：冬天来了，春天还会远吗？这个冬天指的就是我们人生中的困难、坎坷、遇到的所有不易之事。无论大人还是孩子，我们的生命里终究难逃一个冬天。苏轼说，人有悲欢离合，月有阴晴圆缺。这是无法逆转和逃避的规律。在生命的冬天到来之际，是什么支撑我们挺过去呢？在朱自清的这篇散文里，他告诉我们有一种温暖，来自美好的回忆。

所以在读《冬天》这篇文章时，我们感到非常幸福和治愈。因为这篇文字告诉我们，不管人生有多难，想起人生中那些曾经拥有的温情时刻，心里总会暖暖的。就像朱自清，虽然和父亲已经多年不见，但是却永远记得小时候父亲对自己的好；虽然妻子已经永远地离开了，但是却永远记得她活着的时候多么的温暖；虽然当初泛舟的那几个朋友现已天各一方,甚至有的已经天人永隔,但是却永远记得那时畅意交谈的愉悦。不管冬天有多冷,风雪有多大,人生有多难,只要回忆起这些,就会感到人间值得。所以说读书一定要用心感受。读书本身不应该是一个痛苦的过程,而应该是一个让我们的心灵逐渐明朗的过程。

读《论语》的时候,我很重视整部书的第一句话:"学而时习之,不亦说乎?有朋自远方来,不亦乐乎?人不知而不愠,不亦君子乎?"能成为这部经典的第一句,它的力量一定不同寻常。经典的妙处在于常读常新,每次读这句话我都会产生不同的想法和感触。最近一次读的最大感触是,孔子的心态真是好。在这句话里,孔子反复在用"亦",什么叫"亦"?就是"也"。就是说一般人都觉得不美好的时候,你能换个角度发现其实"也挺好"的地方,这就是一个特别了不起的心态。人生不是完美的,生活中必然有不好的事情和不顺的时刻,能不能在不完美中发现那个"也挺好"的部分,决定着一个人是不是幸福。

我们常看到社会上有些人很压抑,还因此酿成一些悲剧,问题出在哪里?我想,首先就在于他们觉得美好的东西太少了,缺乏对美的感知力。越是小孩子越要好好读书,越要去体会和发现书中传递的美。

三、有关崇高:读书,遇见更好的自己

简单说说"崇高"。我们说,读书其实是很崇高的一件事情,崇高在哪?我想,读书的崇高之处在于,它可以让你明白,什么才是**你应该成为的那个最好的样子**。

人都会有七情六欲和惰性,但经典作品让我们看到了一个**更了不起的自己**。读书让我们逐渐明白什么是对的、什么是错的,什么是高尚的、

什么是渺小的，让我们"虽不能至，心向往之"，我觉得这就是读书崇高的一面。

我们在现实生活中遇到的很多问题都可以在读书中得到答案。比如说很多家长不知道该怎么教育孩子，其实你去读读书就能找到你想要的答案。

例如，《战国策》里有篇《触龙说赵太后》，也被选入了《古文观止》，讲的就是父母应该如何正确爱孩子，"父母之爱子，则为之计深远"。身为家长，应该着眼于孩子长远的发展，而不只是计较眼前得失。有的家长只关注孩子考试得了几分，却不关注孩子的学习动力和人生目标，这种心态本质上就是急功近利。

大家也可以读读《孟子》。孟子认为，如果为"利"做事，甚至"见利忘义"，结果常常毫无收获；如果为"义"做事，尽管并不求利益，利却常常自然而至。什么是"义"？就是正当、该做的事。这和孩子的成长是一样的道理，急功近利的教育培养不出优秀的孩子。"揠苗助长"的道理很简单，但"天下不揠苗助长者，寡矣！"多读书可以让你想明白很多困扰人生的问题，这是读书具有的一种崇高意义。

总之，读书可以开启我们的智慧，可以提升我们对美的感知，也可以指引我们人生的方向。这就是为什么我要说"读书是一种崇高而美好的智力锻炼"。希望大家都能真正地重视读书这件事情，用读书成就你我的人生。

如何阅读经典作品

2022 年 7 月 8 日

今天，我想讲一讲"如何阅读经典作品"。在正式谈论经典作品之前，先聊聊大家可能更关注的语文。

语文是一个很"奇怪"的科目。不少同学和家长对于语文很头疼，因为花的精力比其他科目要多，但是得到的成效并不成正比。

回顾我自己的语文学习与成长经历，我觉得令我受益最大的可能就是读书。我是从山东的一个小县城里考出来的，当年上学的时候也没有如今这么好的条件，别说辅导班，就连辅导书都非常稀缺。我那时能读到的书不多，往往只是一些大家都耳熟能详的，例如四大名著、《论语》等，但就是在反复阅读这些经典的过程中，我受益良多。这些经典作品教会了我思考的方式，也教会了我如何理解和表达。时至今日，我仍然感激它们，并很希望能将我所受到的馈赠传递下去。经典能滋养我们的心灵，也能培养我们学好语文所需要的各种能力。所以我想跟大家谈谈这个话题，即"如何阅读经典作品"。

什么是经典？

如今有很多人都觉得读书挺重要的，但是存在着"选书"的困惑，就是我们应该选择读哪些书。这是一个很重要的问题。现在有不少人给大家推荐书目，但我觉得最强的选书官一定不是他们，而是时间。我们应该花时间阅读的书，是那些不会被时间淘汰的书。这些书就是"经典"。

那经典是什么？有同学说"经典应该是不会被历史的尘土埋没的东西"，有同学说"经典是被大众认可的，而且能让很多人受益的东西"。这些都是对的，简而言之，经典就是经得起时间检验的东西。四书五经、四大名著等作品都历经了几百年，甚至几千年时间的淘洗，流传至今。而那些生命力稍差的书籍，早已被时间淘汰，根本不会被后代人发现。我们提倡经典，就是因为经典的力量可以穿透时间。它必然可以带给我们很多心灵的养分，还会让我们的感受力得以提升、思维得以进步、人格得以提升。

那有没有可能最近才写出来的也是好东西呢？当然有可能，但是相对来讲，读者需要花很长的时间去辨别。人在世界上最宝贵的东西是时间，所以我更主张把有限的宝贵时间放在确定有价值的东西上。

我们为什么要读经典？

经典可以在以下三个方面帮助我们。

第一，经典可以训练我们的思维分析能力。这种能力绝对不仅仅是只有语文一个科目需要的，每个科目都需要这种能力。2022年的高考数学很难，学生和家长非常疑惑，为什么题目难成这样？原因很简单，就是今年的数学卷子是没有套路可言的。以前的卷子我们可以根据题型，把一些解题步骤套进去，从而解出答案。然而今年的数学题，不能靠套路解题了，从第一道题到最后一道题，孩子都必须动脑筋思考。所以我一直在跟大家强调，学习也好，处理生活中的其他问题也好，都会用到独立思考与分析问题的能力。

我当年考上北京大学之后，大家都觉得：哇，你好厉害，未来前途一片光明。我当时反倒疑惑，为什么北京大学出来的人一定会厉害，或者为什么我们说一个人学习学得好，他在工作上也会比较厉害。后来，我终于明白学习和工作用的是同一种能力，就是独立地思考问题、分析问题、解决问题的能力。而这种能力是能够通过阅读经典得到提升的。因为经典不是你一读就能懂的，它要求你去分析、去思考、去感受、去体会。那些一看就懂的东西，太浅显、太俗套，很快就会被时间淘汰，它们不会是经典。就拿今年高考作文里《红楼梦》命名的片段来举例，为什么贾宝玉的"沁芳"比前两个名字要好？在读到这个片段的时候，我们就会调动自己的思维去分析。抛开作文思维，我们来分析这三个名字。第一个名字"翼然"写出来亭子的形状，而"泻玉"写出来亭子的动态感，但是第三个名字"沁芳"加入人的感受，使得整个亭子都活了起来。这就是在阅读经典过程中需要调动的分析能力。

《红楼梦》当中还有很多有意思的细节。比方说林黛玉进贾府时，当时只有五六岁，一路上谨小慎微。其中有一个细节是林黛玉在吃饭的时候，贾母问了她一个问题："你现在读些什么书？"林黛玉是这样回复的："只刚念了《四书》。"林黛玉顺便问了老太太一个问题，那姊妹们都在读什么书。结果这个老太太说："读的是什么书，不过是认得两个字，不是睁眼的瞎子就罢了。"这句话就说明老太太对女孩读书这件事根本就不重视。作为一个敏感小孩，林黛玉听到这件事，便立刻意识到自己刚刚说错了话。所以说完这话之后，林黛玉就再没说话。等到贾宝玉进来的时候，他也问了黛玉同一个问题："妹妹可曾读书？"林黛玉的回答就变成了"不曾读，只上了一年学，些许认得几个字"。林黛玉两次截然不同的回答，背后的原因就值得我们动脑分析。

另外，贾宝玉一出场的时候，曹雪芹描写他身上的各种穿戴，如紫金冠、金抹额、大红箭袖、粉底小朝靴等等。很多人看到这段情节，就暗想这有什么好看的，我以后又不做衣服。但是真的如此吗？《红楼梦》里边，前面出场的诸多人只有"手握大权"的王熙凤才与贾宝玉一样，有一段详细的外貌描写。作者之所以集中笔力于贾宝玉的服饰，就是为了表现贾宝玉的集万千宠爱于一身。

所以，读经典一定会训练到我们动脑分析的能力，你一旦开启了思考的阀门，读书会变得非常有趣。如果你阅读时不分析文本，而只是为了去看故事，那《红楼梦》读起来就没有意思。在北京大学学习的七年里，我最大的收获，就是学会了问"为什么"。思考的能力是人最重要的能力之一，学会思考、学会提问比别的学习经验更重要。我们今天有很多同学不喜欢提问，所以很多人读经典都读不下去。我再给大家举几个例子，这些例子全都来源于很多人眼中"无聊"的经典。

《史记》在写鸿门宴时，有一段很重要的文字，但是很多人都忽视了。司马迁是这样写项羽的座位安排的,"项王、项伯东向坐,亚父南向坐。亚父者,范增也。沛公北向坐,张良西向侍。"有的人觉得这一段文字很无聊,今天花那么多时间去研究当时鸿门宴上的座位有什么用呢?而且司马迁又不在现场,他怎么知道这个座位的安排呢?所以,我们就需要去研究这个座位的意义。

中国是讲礼仪讲规矩的一个国家,不同的位置代表着不同的身份。在我的老家山东,我们一进门只需要看一下座位,大概就知道今天是谁请客。因为他坐的位置是正冲着大门口的地方。我们称之为"主陪"。他身边这两个位置是这桌人里面最尊贵的两个位置,我们称之为"主宾"和"副宾"。而且我知道谁跟这个请客的人一伙的,正是请客的人在圆桌处正对着的人,叫"副陪"。这种吃饭礼仪在古代更为讲究。古代请人吃饭,你作为主人,要把客人让在最尊贵的位置上。朝东的位置最尊贵,类似于一等座;朝南的位置是二等座;朝北的位置是三等座;朝西的位置是伺候人的座位。

在鸿门宴上,项羽作为主人,刘邦作为客人,项羽在安排座位的时候,居然把自己和叔叔项伯安排在一等座,自己的谋士范增在二等座,刘邦却在三等座,张良是个"站票"。这就与古代吃饭的礼仪相违背了。所以,从这个座位安排背后,我们可以看出项羽的目中无人,他根本不把刘邦当回事,这也成为了刘邦得以死里逃生的重要原因之一。这就是司马迁通过短短的几句话要告诉我们的内容。

读经典其实很像破案,真相总是被隐藏着,就看你能不能够推理出来。当我们学会在阅读时动脑思考,就会发现经典当中有着无数值得推敲的地方。而那些缺少分析价值的书,很快就会被时间淘汰掉。这是经典的第一重意义。

第二，经典可以塑造我们的价值观。什么事应该做，什么事不该做，什么事是对的，什么事是错的，这就是价值观。

在初一，孩子们开始学《论语》十二章。如果学《论语》只学了点文言字词，那便是买椟还珠。因为《论语》最重要的东西是价值观，以及大量的方法论。我自己的许多学习方法、教育方法，都是从《论语》中学来的。举个例子，今天有些家长非常着急，恨不得让孩子小学就学完高中的课程。对此，《论语》有一句话叫"欲速则不达"。再比如《论语》中还有一句话，叫"学而不思则罔，思而不学则殆"：拼命学习却没有思考，你依旧无法摆脱困惑；但拼命思考却不去学习，你必然会疲惫不堪。

再比如，前几天看《孙子兵法》的时候，其中有一句话让我印象非常深刻："途有所不由，军有所不击，城有所不攻，地有所不争，君命有所不受。"这句话就是告诉我们，不是有好处的事情就都要做。在打仗的时候，不要看到一支军队，你就想把它灭掉；看到一座城市，你就想去抢占它。这样的人，打仗的时候必定会完蛋。学习也是如此。你总是觉得这道题或许会对我有帮助，那道题或许也会对我有帮助，你每道题都想去尝试，最后身心俱疲。

我们从经典当中还能学到很多为人父母的教育方法。《古文观止》里有一篇文章《石碏谏宠州吁》，讲的是卫国国君十分宠爱他的儿子，卫国大夫石碏便进谏规劝。石碏说，一个父母真的爱自己的孩子，就教他两个字，一个字是"义"，一个字是"方"。"义"是礼法，"方"是规矩，这才是父母应该教孩子的东西。《触龙说赵太后》也有一句很有意义的话:"父母之爱子,则为之计深远。"父母如果爱自己的孩子,不要在意眼前的一点点,而是要为他做长远的打算。不是眼前的这一点点。这就是古代父母的价值观。

我们还能从经典当中学到 人生道理。在生活中,我们经常会遇到很多诱惑,例如,喜欢一个东西,就无所顾忌地吃。但是孔子告诉我们,人生当中有一个字非常重要,那就是"停止"的"止"。孔子在读到《诗经》"缗蛮黄鸟,止于丘隅"这句话时,他便感慨道,连一只鸟都知道自己应该停在什么位置,人就更应该知道自己要停在哪。所以,人生当中学会往前跑固然重要,但也要学会"知止"。

第三,经典可以让我们感受到快乐和幸福。有很多人在阅读经典时,经常会感到一种趣味。而这种趣味性的背后其实是蕴含着一些为人处世的道理的,有时候我们可以利用这些道理,让自己更好地与周边人交往,让自己的生活更加幸福。

在《红楼梦》中,就能学到很多为人交际的经验。比如说,有一次林黛玉去找贾宝玉,结果贾宝玉的丫鬟借着贾宝玉的名头,说我们二爷谁也不见,就这样把林黛玉打发走了。林黛玉便以为贾宝玉对自己有意见,开始生宝玉的气。曹雪芹这一段情节是写得非常精彩的。

当时宝玉还不知道因为什么事让黛玉生气了,还在跟黛玉开玩笑。结果林黛玉理都不理他。贾宝玉就跟她讲了一句说,你还在生我的气吗?林黛玉回过头来吩咐自己的丫鬟紫鹃,把这个帘子放下,把那个炉子添上火。林黛玉的态度就是我视你为空气,根本懒得理你。接着贾宝玉怎么去化解呢?他对着林黛玉讲,"只说一句话,从此撂开手"。这句话意思是我今天跟你说完这句话,从此撂开手,咱俩拜拜。林黛玉本身就是在乎贾宝玉的,一听这话便站住了,说道:"有一句话,请说来。"宝玉笑道:"两句话说了,你听不听?"黛玉听说这话,回头就走。贾宝玉这时便说,"既有今日,何必当初!"

林黛玉听到这句话,心想,这是什么意思?贾宝玉解释,当初你刚来的时候,我对你有多好,你想要什么我便给什么,我整天恨不得把所有的心思花在你身上,我比你的丫鬟还要在乎你,结果你现在不知怎么就突然不理我了。早知今日,何必当初呢?贾宝玉这时越说越委屈,便滴下眼泪。林黛玉一看心就软了,于是两人有了诉衷肠的机会。我当时看到这一段情节,我就想,如果我们能学会这种技巧,以后吵架和好就不成问题了。

其实《红楼梦》这一段情节,还让我联想到了《战国策》里的一个故事。战国四公子之一孟尝君,他的父亲叫靖郭君,靖郭君想在他自己的封地"薛地"修城池,他觉得要是万一哪天国君要收拾我,我还能有自保之力。这时,有臣子就过来劝靖郭君不要修这个城墙。靖郭君说,不行,我必须要修这城墙,这是我用来安家立命的。谁要是再敢过来劝我,我就杀谁!这时候来了一个人,他对着靖郭君说,我就说三个字,多一个字,你就可以杀了我。靖郭君一听,才三个字,那我不妨让你说吧。

结果这个人就说了三字:"海大鱼"。他说完,扭头就走。靖郭君当然没听懂这是什么意思,立刻把他叫住,要他解释一下。这人说,我不能拿自己的命开玩笑,我多说一个字,我就要被你杀掉的。靖郭君说,你解释吧,我不会杀你的。这人才慢悠悠地说,"海里的大鱼有很多人都抓不到,那是因为它在广阔的海洋中,但是它一旦到了岸上,蚂蚁都有可能把它吃掉。你靖郭君现在在齐国，你就是那条在海里的鱼，齐国就是你的海洋。你之所以有权有势，就是因为你是齐王的儿子。但如果你胆敢跟齐国对抗，你就是那条到了陆地上的鱼，就算你把薛地的城墙修得再高也根本没用。如果你现在要修这个城墙，岂不是让国君怀疑你要造反吗？"靖郭君一听这段话，说得太有道理了，于是下令把城墙都拆了。

这两个故事的逻辑其实是一样的，先用最精炼的一句话，勾起别人的好奇心。然后，等着别人来问，你这话到底什么意思。所以有时候，我们读经典不仅可以收获知识，还可以看到许多很有趣的东西。

总结一下，我为什么强调大家要去读经典。第一点，经典可以训练我们的思考能力。第二点，经典可以帮助我们塑造更好的价值观。第三点，经典可以让我们感受到快乐和幸福。

我们怎么读经典？

经典有很多种类型。不同类型，就会有不同的阅读方法。

第一，文化类的经典怎么阅读？文化类经典，如《论语》《孙子兵法》。读文化类经典最好的读法是你把它当成一个人在跟你对话。当你遇到问题时，你先自己思考怎么解决，然后你再去看一看书中的人是怎么解决的。我举个例子，孔子曾说，"举一隅不以三隅反，则不复也"。意思是，老师在教学生的时候，如果你不能举一反三，那这个事情我就再也不教你了。这说明孔子认为学生学习的时候，老师只是引你进门的，更重要的是你要自己去学会思考。

再比如，孔子说，"不愤不启，不悱不发"。我的学生经常会问我一些问题，每次遇到这种情况，我都会说你先自己费尽千辛万苦，去思考这个问题，实在想不明白了，你再过来问我。如果学生没到百思不得其解的那个时候，那老师是绝对不会去启发你的。再比如，孔子说，"温故而知新，可以为师矣"。当你反复地研究那些你已经明白的旧东西，再从旧东西里面研究出了新东西，这就叫"温故而知新"。这样的人，他能够从大家都知道的内容中解读出许多新内容，这样的人就可以当老师了。在今天，很多家长为孩子遍寻名师。其实，你找的任何一个老师都没有孔子厉害。阅读《论语》，就是让孩子拜最优秀的老师为师。

第二，文学类的经典怎么阅读？文学类经典，如《红楼梦》。文学类经典最好的读法就是用心去感受它。当你把自己真正地融入小说当中，你就会知道为什么林黛玉突然改变口风，从"读过《四书》"到"识得几个字"，你就知道为什么卖火柴的小女孩迟迟不敢划开那根火柴取暖。

有一部关于校园的电影叫《少年的你》，当时播出的时候，有很多孩子问我如何看待校园霸凌这件事。我认为校园霸凌主要就是孩子的感受能力太弱了，他无法体会到别人的无助与痛苦，所以才会肆意地欺负别人。孩子的感受力从何而来？难道是专门给孩子报一个培养感受力的辅导班？不对，培养孩子感受力最好的方法之一就是阅读文学经典。例如，读了《卖火柴的小女孩》，孩子就会知道原来世界上还有如此深陷贫困的人，他们就能从中培养自己的同情心、同理心，还能更加珍惜今天的幸福生活。

很多孩子如今写文章的一大问题是没有真情实感。获得真情实感的两个方法：一是感受生活；二是阅读文学经典。我有一个很喜欢的词人纳兰性德。纳兰性德与妻子感情十分深厚，然而妻子早逝。他经常为亡妻写悼亡词，抒发自己心中的情绪。他写过一首《浣溪沙·谁念西风独自凉》，第一句叫"谁念西风独自凉"，秋风是萧瑟，独自是一个人，再加上"谁念"，说明故人已逝，无人牵挂。然后在下阕就说"被酒莫惊春睡重，赌书消得泼茶香，当时只道是寻常"。这部分就是怀念妻子活着的时候两个人快乐的经历，在春天睡午觉，在闺中赌书。但所有这些美好在我拥有它们的时候，我都以为是普普通通，直到有一天我没有了它们，我才意识到他们是多么多么的可贵。这就是我们在阅读时可以感受到的内容，这首词告诉我们不一定非得在生活当中遭受到沉重的打击时，你才能懂得要珍惜身边人，我们一定要珍惜当下。

写作文的时候，经常有孩子问我："老师，这个作文我能编吗？"我想告诉各位，写作不在乎事情的真不真，而在于你写作的情感真不真。只要你的情感足够到位，哪怕你的事情是假的，你的作文也是真的。写作最重要的是内心的思考与认识，没有这些核心，你的素材再高级，你的辞藻再华丽，也是无用之功。所以希望大家能够在阅读文学经典的时候，打开你的感受力，你要知道自己是一个活生生的人，是具有真情实感的。

第三，文史类的经典怎么阅读？ 文史经典是跟历史相关的作品，如《左传》。读这样的作品最好的方法就是用破案的手段，不断提问，不断解密。《左传》当中有一篇文章《郑伯克段于鄢》，它讲的是哥哥打弟弟的故事，郑伯是哥哥，段是弟弟，克一般是仇敌之间才用这个词。他们的父亲是当时郑国的国君叫郑武公，母亲是申国的公主叫武姜。读文史经典的时候，你看到这一段文字，你就应该思考为什么作者要讲到母亲是从申国来的。

接下来，你可以去查申国是一个什么样的国家。之后你会发现申国有两个特点：**第一个特点**，申国以前是一个少数民族部落。少数民族部落有一个特点，少数民族的继承制是谁强谁继承。这跟周王朝的各个国家是不一样的，周朝的这些国家是"嫡长子继承制"。**第二个特点**，申国在历史上有一个非常出名的事。西周灭亡的时候，周幽王曾做出过"烽火戏诸侯"的荒唐事。现在很多人把这个历史事件简单概括为"狼来了"的事情，但真相远远不止如此。周幽王的王后，出生于申国，但由于周幽王宠爱褒姒，王后及太子都被废。王后便带着太子回到了申国，申国的国君非常生气，一怒之下联合西部的少数民族犬戎打进来，一举把周朝灭掉。

这两个特点传递给我们**两个讯息**：一是武姜出生于少数民族，她的观念并不是嫡长子继承制。二是武姜的出身很好，一般人不敢得罪她。后来，由于武姜在生大儿子郑庄公的时候"寤生"，也就是难产了，所以她不喜欢大儿子，便不想让大儿子继承王位。武姜在生第二个儿子段的时候，非常顺利，她便想要段来继承王位。当时，郑武公不同意武姜的想法，他觉得王位应该永远传给嫡长子。周朝人的嫡长子继承制是很聪明的。在王朝更迭的时候，儿子们不用厮杀争夺，整个国家就可以安定。当然也有人质疑，万一嫡长子是个傻子也让他继承吗？当时的人觉得没关系，至少国家不会打仗。郑武公在世的时候，武姜没办法把段立为国君。但是等到郑武公一死，大儿子庄公即位的时候，武姜开始搞事情了。她给小儿子讨了一块封地，那块封地很容易占地为王，进行造反。之后兄弟两就夺国君之位而进行了一场你死我活的斗争。

所以读文史的时候一定要进入文史的世界，莫要得过且过、一知半解，而要去推理、去研究。这才是读文史经典的方法。

以上就是我们如何去读文化经典、文学经典、文史经典的方法。最后，我给大家分享三句我写在宜读经典上的话。

第一句话：想要真正地提高写作能力，就要真正丰富自己的心灵，增强你的认知力和感受力，这样才能言之有物，才能写出有灵魂的好文章。写文章最重要的不是好词好句，不是套路，而是对于这个问题要有**真感受与真想法**。这点比什么都重要。初中阶段的作文永远跟两个词语相关，一个词叫成长，一个词叫青春。老师其实就是想知道学生如何看待青春，如何看待烦恼，如何看待人生的目标。所以你要写自己的真实想法，而不是去凑字数。在平时生活中，就要学会去感受青春与成长带给你的酸甜苦辣，这样你在写作的时候才会言之有物。

第二句话：带着思考和感受进行深度的阅读，从而丰富自己的心灵。很多人读书没有效果就是因为读书读得太浅了。书都没有理解透彻，更别提丰富自己的心灵了。

第三句话：多去阅读那些照耀人类历史文明的经典作品，要把最宝贵的时间用在最经典的书上。把经典读透、读懂才是丰富你的心灵底色、提高你的写作水平的不二法则。希望大家能够明白这一点。

爱因斯坦说，真正的教育就是当你把一切的知识都忘光后，剩下来的那些东西。知识点是永远学不完的，但是学会思考却能让你终身受益。一个会思考的人是真正有竞争力的人，一个有感受的人是能够活得幸福的人。我们活在这个社会上，做好这两件事情是很重要的。

附：

现场问答

【提问1】

为什么说孔子是最伟大的老师？我觉得判断一个老师是否伟大，要从他能否教出优秀的学生这个角度来看，正如那句"长江后浪推前浪"。而孔子的学生颜回、子路、子贡的名气都不如孔子。但是有一些老师，如鬼谷子教出了孙膑与庞涓，荀子教出了韩非和李斯，学生的名气好像都比老师要大一些。那为什么我们依旧说孔子是最伟大的老师呢？

【回答】

这个问题提得很好，我一直强调思考这件事，而提问是思考的方向，你的问题越精彩，代表着你的思考越深入。回到刚刚提的问题，为什么孔子是伟大的老师，要从两个方面看：一方面，孔子在后世的名气这么大，主要不在于他是一个老师，而在于他有伟大的人格，他是儒家学派的一代宗师。另一方面，孔子也确实是一位伟大的老师。

第一，孔子是老师这个职业的开创者之一。在孔子之前，中国没有专门的老师职业。以前的人都是在官署中收学生，只教贵族子弟。孔子是最早私人授课的老师之一，也就是那句"有教无类"。《论语》当中说"自行束脩以上，吾未尝无诲焉"，孔子说就算你给我一束干肉当拜师礼，我都会教你。在当时，一束肉干是最薄的拜师礼。

第二，孔子诠释了很多具有颠覆性的教育思想。比如说"有教无类",孔子觉得老师教学生不应该看出身,而是让所有人都有受教育的机会。

第三,孔子也教出了很多厉害的学生。孔子有七十二贤徒,每个人在当时不同的国家当中都占据着非常重要的位置,有的人甚至是那个国家的掌权者。你想想放在今天,孔子教出来的学生是各国的总理,你们觉得这些学生不厉害吗?孔子不厉害吗?比如说,子贡是孔子很小的学生,但是当时子贡极有名望,甚至有人觉得子贡比孔子厉害。但子贡说,你们不知道孔子的厉害,是因为孔子的学问太高深了。"譬之宫墙,赐之墙也及肩,窥见室家之好。夫子之墙数仞,不得其门而入,不见宗庙之美,百官之富。得其门者或寡矣。"有些人的境界是你透过他的墙往里头看,就能知道里面有什么东西。孔子的境界太高深了,除非他打开门让你进去看,否则你根本不知道有多少东西。

我们经常说我们的历史是上下五千年,孔子是前2500年文化的集大成者和后2500年文化的开启者,他为中国文化奠定了基础。这样的人我们能说他不是一个伟大的老师吗?

【提问2】

老师好,我在读书的时候,我更喜欢去理解人物,而不是去读情节。我喜欢写一些小故事与小短文,甚至会写长篇小说。写作过程中,如果有需要修改的地方,我更想修改人物,而不是修改情节。我阅读的时候,有一个很困惑的问题,我怎样才能了解人物的全部?因为一个人是多面的,是整体的。正如那句话,每天早晨有多少双眼睛睁开，有多少的意识醒来，就有多少个世界。我希望从书本中，透过一个人物，去看到整个世界。但是作者在塑造人物时，经常会突出人物的某一个特点。人物本身应该是鲜活的，但是在作者的主观意图下，我经常会只看到人物的一方面，而看不到全部，这种未知全貌的感觉经常会让我很失落。

【回答】

这位同学一开口就知道她是懂文学的，文学本身就不是看情节的。拿小说来讲，人物决定着情节的走向。很多的小说家都说，情节是当你塑造出人物之后，人物带着作者创造情节，而不是作者专门为人物塑造情节。所以你刚才说的这个事情是很对的。

至于你提到的困惑，我的观点是这样的：你不要给自己设限制，很多东西并不是确定的，文学更不是确定的。我在大学上文学批评课的时候，有这样一句话，"作者已死"。当作者把作品创作出来后，作者的主观意识就要从文本中消失。之后，一切对文本的阐释都是由读者自己进行。所以，不同的人读到不同的作品会有不同的感受，你刚才提出的问题，我是这样理解的：你会觉得人物也好，故事也好，都是有一个正确答案的。但其实，文学是开放的。一千个读者，就有一千个哈姆雷特。不同的人能看出不同的东西，甚至同一个人在不同的人生阶段也会看到不同的东西。我们读作品就是为了丰富自己内心，激发我们的思考，而不是为了追求文学作品中那个正确的答案。如果文学有标准答案，反而就失去了魅力。所以，不要纠结于没有把书本或者人物看透看全这件事，阅读是一辈子的事。

【提问3】

我很喜欢阅读，但是在陪伴孩子的过程当中，总是不得要点。尽管家里的书架上摆满了书本，但孩子更喜欢阅读漫画书。那请问老师有什么样的建议呢？

【回答】

谢谢你的提问。家长碰到的问题与学生在读书当中碰到的问题，解决方式是一样的。我们都要去分析思考为什么。比如说，孩子更喜欢看漫画书，我们要去想的是为什么孩子喜欢呢？这里面一定有两个点：第一，孩子从漫画书当中得到了快乐；第二，孩子没法从其他书当中得到快乐。

所以我们现在就要去想，第一他从漫画书当中得到的快乐是一种什么样的？快乐有高级快乐和低级快乐。我吃饱了就挺快乐的，这叫低级快乐。高级快乐是精神上的乐趣。例如，孔子听《韶》乐，三月不知肉味。感受美妙的音乐就是高级快乐，而吃肉就是低级快乐。

许多孩子在阅读的时候，他们的快乐来源于猎奇感，例如想看那些吸引眼球的情节，这是一种低级快乐。这个问题是有历史原因的，以前孩子在阅读的时候，我们很少去启发他思考，放任他去看情节。孩子没有了思考的契机，他们就会逐渐从感官当中去获得快乐，而不是通过思考去发现乐趣。所以，如果家长希望自己的孩子感受到高级快乐的话，首先你要帮助他找到高级快乐。在阅读一些更有思想含量、情感含量作品的时候，你需要去引导他，让他慢慢地知道这件事情是很有意思的。

【提问4】

邵老师，我喜欢看那种用漫画形式了解德国、意大利，或者用漫画形式解释《史记》这样的书。我觉得通过这种有趣的形式，我能快速获取许多知识，这会让我感到很快乐。

【回答】

这种漫画书比那种纯粹追求情节的漫画书，要好上许多。你不是为了猎奇的情节，而是为了追求知识。但你追求的只是广度的快乐，你没有体会到深度的快乐。你可以尝试着去做一些有深度的事情，多去挖掘、思考和研究，你会发现这种深度的快乐是更加有趣的。

【提问5】

邵老师你好，我有两个问题想请教一下你。我孩子今年六年级刚刚毕业，我想让他读一些经典，但我有两个疑惑。第一个就是我们在选购经典的时候，我们应该给他选那种古文形式的经典，还是已经翻译成白话文的版本？第二个就是小孩读经典经常读不懂，我怎样才能让孩子对读不懂的经典感兴趣呢？

【回答】

这两个问题其实是一个问题，就是经典如何入门的问题。不好入门有两个方面，第一个是觉得好难，第二个是觉得不想看。这两个方面是相互纠缠的。其实，引导孩子入门就是我现在做读书会与宜读经典的意义。因为我觉得，许多孩子无法坚持读经典就是因为缺乏引导。我今天所讲的全部内容，就是告诉大家如何引导，比如让他去感受，让他去思考，让他去对话，这个是我们引导的方向。

一个老师的最大的作用就是领人进门，家长一定要帮孩子找到一个帮他入门的老师。比如，想让孩子读《论语》，那家长就需要找一位引导孩子读《论语》的老师，让孩子能够听得进去，看得下去。今年春天，我带着一些孩子读了一本很难懂的书《瓦尔登湖》。作者梭罗曾说，阅读是一项崇高的智力锻炼。大家对于智力锻炼这个词可能有点陌生，不过体力锻炼这个词应该比较熟悉，比如说去健身房举两个哑铃，这就是体力锻炼。锻炼智力最好的方式就是阅读经典，一定要读一些稍微有难度的东西，在这个过程中他会逐渐找到成长的快乐。就像你去健身房里推杠铃、哑铃，你会推得肌肉酸疼，但最后你会发现自己的身材一点点变好。

入门不是很难的问题，第一有引导，第二需要时间。凡事不要有畏难的情绪，勇敢地去做就好了。所以，家长如果想要让自己的孩子阅读经典，第一件事就是先认准了方向，第二件事就是认准了方向之后坚持。

【提问6】

邵老师您好，很多新初一的孩子在阅读的时候，经常按照他们自己的方式阅读。但他们的阅读方式就是泛读，而没法做到精读。邵老师，您觉得孩子在阅读的时候是先进行泛读，等他明白过来之后再精读呢？还是一开始就要求他精读呢？希望您能为我们解惑。

【回答】

好，谢谢。首先，我个人是一个重度精读爱好者，我甚至可能一本书来回读个几十遍。因为我会在重复阅读的过程当中收获到思考和感受的一些快乐，我觉得这是很有益的活动。回到刚刚的问题，为什么有的孩子不爱精读？其实这个不爱精读的原因是他们没有在里面去思考和感受，而思考和感受这个东西是没有办法强迫的，所以这个事情我倾向于这么来理解：

第一，开卷有益。就是如果他愿意去读经典，首先要鼓励他，不要一开始就对他有特别高的要求。不要拿着成年人的水平，去要求孩子，这是不现实的。孩子阅读一定是由浅慢慢入深，刚开始读得浅一点没有关系，慢慢就会深读。

第二，指明方向。我们光说要精读，这是不够的。孩子是需要家长去引导的，比如提问是一个非常好的引导方式。有时候我们可能提出一个问题，孩子立刻就来兴趣了。我之前带着一帮学生读《搜神记》，我一提问题，孩子们都非常兴奋。比如说里边有一篇《三王墓》，后来，鲁迅根据这篇文章改编成小说《铸剑》。《三王墓》里讲到干将给楚王铸剑，三年才铸完，楚王一生气，杀掉了干将。干将临死的时候留下一个遗言，跟他怀孕的妻子说，你如果生的是个儿子，你要让他替我报仇。最后妻子确实生下来儿子，等小孩长大了之后，小孩就问了他妈妈一个问题，我爸在哪？

泛读的人看到这个情节，可能就跳过去了。但如果精读的话，你就要思考为什么小孩子等到长大了才问妈妈，他爸爸去哪里了？

那是因为文字是跳跃的，中间有一些时间作者把它跳过去了。其实，小孩在成长过程中无数次问过他妈妈，他妈妈也许回复他，等你长大那天我就会告诉你。这就是文学家简练的笔墨，有时候作者为了推进这个文章的速度，他不需要把每个东西都告诉读者，但是这些内容是需要读者自己去发现的。

我举这个例子就是想告诉大家精读需要靠留心、靠思考、靠观察、靠提问。我一直觉得人进步的很重要的动力是你的好奇心。然而很多人在成长学习的过程中，缺失了好奇心，这是个很悲哀的事情。这也是我为什么一直反对套路的原因，因为套路会僵化你的思维，抹杀你的好奇心。我曾经拿着学生的初中课本，专挑他们学过的文章，然后给他们提问题，把他们都问懵了。因为他们在读书的时候根本没有思考过这些问题。同样，为什么有些同学阅读理解题做不好，就是在读书的过程中自己都没有问过自己问题，所以别人问你问题的时候，你就会不知所措。

最后，针对您刚刚提到的那个问题，我总结一下我的建议。第一，读经典开卷有益，要允许孩子一步一步地来。第二，精读的核心关键是让他保持好奇心，让他愿意思考、愿意提问。

附录一

读《冬天》

我非常喜欢朱自清的文章,尤其是他的散文。

毫不过分地说,朱自清先生的散文是现代文学出现后,为数不多可与古代散文相媲美的现代文,他用白话将作品写出一种自然恬淡的味道,既不显文笔怪异,也不似卖弄才学般故作博学或犀利,而是充满着一种不显山不露水的深情。

我们在小学和中学时都学习过朱自清的散文,较有名的有《荷塘月色》《背影》和《匆匆》。

判断自己是否真正读懂了一篇文章的标准既不是认识了里面的字词,也不是看明白了文中的故事,而是真正明白了作者写这篇文章到底想表达什么,以及他当时是怀着一种怎样的情感去写的。我们如果能看懂这些,才算是真正看懂了文章。所以我们在品读散文《冬天》前,仍然需要先了解一下朱自清这个人和文章的写作背景,因为理解文章关键在于理解作者的情感。

读文章的核心是读人、读情、读心。所以适当地了解文章的写作情况及作者的个性特点，对我们准确地分析和鉴赏文章是有帮助的。

比如老舍同样有一篇散文《春风》，在那篇文章中，老舍写到了自己常渴望听到大雁的声音。如果我们细心地查一查资料，就会知道《春风》写于1935年，当时老舍大部分时间住在济南和青岛。由此可知，那让作者渴望不已的雁叫声其实也象征着他回归故乡，或者说生活安定的希望。看到这里，有人也会不理解，因为根据老舍夫人胡絜青的回忆，老舍这一辈子都是漂泊不定，唯独在济南和青岛的那段时间，生活是相对安定的。认为一个人在动荡的时候渴望回归是可以理解的，但是老舍在济南和青岛的那段时间生活相对的安定，为什么还会有这样的希望呢？

在我看来，这个问题很有价值，因为它让我们不断地去思考为什么？但我们需要明白一点，那就是所有结论一定是通过依据推理出来的，任何对作品的判定也应该是通过文章而不是通过外在的那些信息推导出来的。比如，我们查到老舍那两年的生活可能相对他的一生来讲是比较安定的，但也不能凭借这一点就认为他的文章里想传达出的也是安定的心态。因为这是两码事，一个人漂泊一辈子，中间难得有几年安定一点，但这并不代表着他的内心深处就不再渴望安定的生活。

想要更好地理解文章有两种办法，一方面是简单了解写作背景；另一方面是对文章本身的具体内容做透彻的分析，其中最主要的还是基于文章本身的分析。

了解了作家当时生活背景，会加深我们对他想在文章中表达情感的理解。但是绝对不能脱离文章的本身单纯去看作家的生平。我们不能通过信息收集发现作家写这篇文章时正经历着一些不好的事情就先入为主地判定文章一定是表达他内心的负面情感。毕竟对我们自己而言，也有今天心情好，明天心情差的时候，更何况是在一段持续的时间里写出不同的作品呢？

了解写作背景的第一前提就是要尽可能地去找这个文章的写作时间。比如我们无法直接查到朱自清《冬天》的写作时间，但是作者在文末提到他的妻子已经去世了快四年，因此我们只要查出朱自清妻子去世的年份就能得出这篇文章的写作时间了。细心地找一找资料就会知道，朱自清的妻子死于1929年，从而推算出这篇文章大致写于1933年间。

朱自清在1933年经历了一些什么事呢，他当时又是怎样的心态？为什么写冬天而不是充满希望的春天呢？

朱自清原名朱自华，后来才改名叫自清，有的人可能会以为他将原本的自华改为自清是为了表达对清华大学的向往，但其实朱自清是北京大学哲学系的。他出生在江苏东海一个相对封建的旧社会家族，父亲原来是当官的，官不是特别大，但是也有点文化，后来官丢了，家道也因此中落下来。因此他6岁时就跟他父亲去了扬州，18岁时考上了北京大学的预科班，19岁就顺利地升入到了北京大学哲学系。

在1917年报考北京大学的时候，他化用《楚辞·卜居》里的句子，把名字从自华改成了自清，意思就是廉洁正直使自己保持清白。又因为他觉得自己个性比较柔和，总是不紧不慢，所以给自己取了个字叫佩弦，"佩弦"就是佩戴着弓弦的意思。选自《韩非子·观行》"董安于之性缓，故佩弦以自急"，想借紧绷的弓弦警示自己有时候该抓紧点。

1928年时朱自清才30岁，但是已经出版了《背影》的文集。其平淡朴素又清新秀丽的文笔特点让他在文坛上独树一帜。不幸的是，1929年朱自清的原配也是他最爱的妻子因病去世。

原配妻子14岁时就被许配给了朱自清，在他1917年考上北京大学的时候，两人就结婚了。所以两人相当于青梅竹马，关系一直非常好。但在1929年的时候，他的妻子由于操持家务过于劳累，加之原本身体就不好，因此在为朱自清生了六个孩子后得了肺癌病死掉了。

1931年，朱自清从英国留学回来后就在清华大学任教，其间还当过清华大学中文系的系主任。因此朱自清除了是一位出名的作家，同时他还是一位博识的学者，更是一名爱国的民主战士。

朱自清是1898年出生的，1948年就去世了，虽然只活了50岁，但是这位作家死得光荣。"一身重病，宁可饿死，不领美国'救济粮'"，可谓是我们民族骨气的代表。朱自清去世的1948年正逢解放战争。当时的美国提出了一系列扶植日本的政策，中国的民众们对刚侵略完自己的日本人非常气愤，所以大家也都纷纷抵制美国。当时朱自清患了很严重的胃病，这种病要求在饮食方面要吃一些易消化的主食，当时最好的选择就是面粉。但是，朱自清为了抵制美国的扶日政策，就拒绝领取美国发放的所谓的"救援面粉"，不仅不吃，他还在抵制宣言上签了名，并义正严词地告诉家里人不许买美国人的配售面粉。

朱自清在临终之前还紧紧地拉住他第二任妻子陈竹隐的手，坚定地说，你要记住，我是在拒绝美援面粉的文件上签过名的，我们家以后都不能买美国面粉。当时的朱自清，已经病得体重仅有77斤，身边所有人都说他需要营养，但他坚持谴责美国发放援助面粉的行为就是妄图收买我们中国人的灵魂，是一种施舍，自己绝对不要！

朱自清对外充满着大义凛然的民族英雄气概，但对内又是心灵非常柔和的，这一点在他和家人及朋友的相处上都能够看得出来。

《冬天》一共写了三件事，三件发生在冬天的事。因为散文有个"形散神不散"的特点，即看上去写的东西是散的，但作者在其中想表达的东西一定是统一的。所以我们就会思考一个问题，那就是这个文章标题叫《冬天》，总共就写了三件不同的事：写小时候，爸爸带着孩子们在一起吃豆腐；写自己和朋友们在西湖划船；最后写的是妻子跟孩子在外地住的三个冬天。那三者统一的主旨到底是什么呢？为什么要把这三个冬天的故事写到一篇文章里呢？各写一篇不行吗？它们之间有什么共同点呢？

先看第一段：

说起冬天，忽然想到豆腐。是一"小洋锅"（铝锅）白煮豆腐，热腾腾的。水滚着，像好些鱼眼睛，一小块一小块豆腐仰在里面，嫩而滑，仿佛反穿的白狐大衣。锅在"洋炉子"（煤油不打气炉）上，和炉子都熏得乌黑乌黑，越显出豆腐的白。这是晚上，屋子老了，虽点着"洋灯"，也还是阴暗。围着桌子坐的是父亲跟我们哥儿三个。"洋炉子"太高了，父亲得常常站起来，微微地仰着脸，觑着眼睛，从氤氲的热气里伸进筷子，夹起豆腐，一一地放在我们的酱油碟里。我们有时也自己动手，但炉子实在太高了，总还是坐享其成的多。这并不是吃饭，只是玩儿。父亲说晚上冷，吃了大家暖和些。我们都喜欢这种白水豆腐，一上桌就眼巴巴望着那锅，等着那热气，等着热气里从父亲筷子上掉下来的豆腐。

"说起冬天，忽然想到豆腐"这句话，大家很容易直接读过，但是我们可以仔细琢磨一下，似乎这个句子又非常有意思，谁会在冬天突然想起豆腐呢？大多数人好像都不这样。说起冬天，似乎想起雪更加合理一些，或者想到厚厚的大棉袄也更能理解。所以我们可以思考一下，为什么作者写冬天让他想起豆腐呢？这两种事物间存在何种联系和共同点吗？或者它们之间的关系到底是什么？

冬天和豆腐都是白色的！我猜有人的脑海里已经蹦出这个答案了，这也的确能作为第一个联想点。另外，冬天是寒冷的，但是作者笔下的那个冬天里吃豆腐的往事却是温暖的。也就是说到冬天，作者就想起了当年给他带来温暖的那顿豆腐餐，这样想来就更加合理了。

接着"是一'小洋锅'（铝锅）白煮豆腐，热腾腾的。"从这里我们发现这篇文章里的豆腐有两个特点，一个是"白"，一个是"热"。接着是"水滚着，像好些鱼眼睛"将在锅中沸腾着的豆腐块比喻为鱼的眼睛，鱼眼睛一般是白而圆且滑滑的，这里的比喻是不是就显得十分生动贴切？"一小块一小块豆腐仰在里面，嫩而滑，仿佛反穿的白狐大衣。"看到这里，不妨想想，白狐大衣为什么是反穿而不是正穿的呢？因为动物毛皮的里边那面一般更加光滑，用反穿的白狐大衣是表现豆腐的光滑，这就显得相当清新脱俗了。

写文章最重要的是表现力。如果我们自己是作者，只简单地写一句又白又嫩又光滑来形容出这个豆腐是什么样子的，这肯定不叫写文章。

那写文章是什么呢？可以告诉读者这块豆腐是白的，白成什么样；它是滑的，滑成什么样的，让读者能够通过你写出的文字感受到豆腐如在眼前，这就是成功文章的写作之道。

反穿的白狐大衣是为了表现豆腐的光滑，那为什么是白狐大衣而不是猪皮大衣呢？我们都知道豆腐是白的，猪毛是硬硬的，白狐大衣则不仅是白色的还是柔软的。因此一个小小的比喻句,同时表现了豆腐又滑又白又柔三种特点,这就叫作漂亮的句子。

其实"一小块一小块豆腐仰在里面"的这个"仰"字也写得相当好。我们平时在现代文阅读和古诗鉴赏时都会遇到这种"炼字"题,如果有一道题考的是这个"仰"字好在哪里,我们就需要去体会为什么豆腐是"仰"在里面的,这样写好在哪里呢?其实回答这种题目只需要牢牢抓住一个方向,这个方向叫表现力,即弄明白这个"仰"字表现出了豆腐的什么特点。

当然,"仰"字表现出了豆腐的嫩和小,如果某个东西大如一头象的话,我们还会写它"仰"在水中吗?正是因为豆腐小小的、嫩嫩的在沸腾的锅中翻腾,所以作者才会写它"仰"在里边了,同时也表达出作者的喜爱之情。

反过来想,如果写一小块豆腐炖在里面,这个"炖"字能表现豆腐的特点吗?表现不了。能表现作者当时对豆腐的情感吗?同样表现不了。既能表现出豆腐的特点,又能表现出写这件事的人当时心中的想法,这就叫漂亮的句子。所谓的赏析只不过就是把到底漂亮在哪讲明白。

我们接着往后看:"锅在'洋炉子'(煤油不打气炉)上,和炉子都熏得乌黑乌黑,越显出豆腐的白。"为什么要去写炉子熏得乌黑呢?当然是为了引出后边的句子,写锅黑而衬托得豆腐更白了。其实,这句话除了衬托豆腐的白,还在隐秘地传达一些信息。

我们先带着这个疑问继续往下读:"这是晚上,屋子老了,虽点着'洋灯',也还是阴暗。"作者写所谓的"洋炉子"和上头的锅都被熏得黑且脏兮兮的,夜晚的环境加上屋子又是个老屋,所以即便点着灯,光线也非常暗。难道写这些也是为了衬托豆腐的白吗？是否有其他用意呢？其实这样写是为了表现当时生活的困难。

回到文章的题目《冬天》上来，冬天和困难又有什么关系呢？因为冬天是比较寒冷，普通百姓在冬天生存会愈加艰难，所以冬天就象征着生活中困难的时候。既然如此，为什么写豆腐呢？在昏暗不堪的环境中，豆腐却是白白嫩嫩的、滑滑的、小小的，还是热腾腾的，温暖而鲜美的豆腐与严酷而艰辛的环境形成鲜明对比，豆腐就是当时改善生活的事物，是让作者心中感到暖和的一种美好事物。

"围着桌子坐的是父亲跟我们哥儿三个。'洋炉子'太高了，父亲得常常站起来，微微地仰着脸，觑着眼睛，从氤氲的热气里伸进筷子，夹起豆腐，一一地放在我们的酱油碟里。"

父亲给我们夹豆腐的过程并不轻松，因为"洋炉子"太高了，这是继续写当时生活条件的困难，但哪怕是这样，作者的回忆中也充满了温情。他是这样写的："我们有时也自己动手，但炉子实在太高了，总还是坐享其成的多。"孩子们悠闲地等着父亲分配食物，在他们的眼中，"这并不是吃饭，只是玩儿。"重要的不是吃得饱，而是一种精神上的享受。

"父亲说晚上冷，吃了大家暖和些。我们都喜欢这种白水豆腐，一上桌就眼巴巴望着那锅，等着那热气，等着热气里从父亲筷子上掉下来的豆腐。"

这段文字中的"掉"这个动词用得特别好，如果我们尝试把这个字换成等着父亲用筷子给我们"夹"过来的豆腐，好像表现力就顿失许多了。我们分析"掉下来"的写法好在哪里，就应该抓住表现力这个核心去分析。简而言之就是写的是什么事物，写出了它怎样的特点。

首先，这个掉下来的东西是什么？是豆腐；谁在等着它掉下来？孩子们在等着它掉下来。用"掉下来"这个词能表现出豆腐的什么特点？表现的是它嫩、滑、软的特点。正因为豆腐软滑所以才会从筷子上掉下来。这就是"掉"一词所带有的表现力。

其次，孩子们围坐在炉边，从底下望着豆腐从父亲的筷子上掉入自己碗中，这就将孩童那种对美味的渴望与期盼的神态写得非常传神了。

最后，作者为什么要刻意地讲父亲与我们哥仨，尤其是形容父亲费劲地给我们夹豆腐呢？其实结合一下朱自清的生平，我们就会感受到这其实是在暗暗地表现父亲以前的爱。

我们都知道朱自清最有名的文章叫《背影》，但不明白朱自清为什么写父亲的背影而不写正面，毕竟这不是一般人会用的写法。这是因为朱自清与他父亲的关系非常僵化。他的父亲叫朱鸿钧，字小坡，当过官，是一个旧时代挺能干的人。他常常用封建大家长的观念来管教儿子们，在他眼中"父为子纲"，父亲说的话当儿子的就必须无条件服从，朱自清作为家中大哥，挣了钱理所当然就应该交回来养家。朱自清则是新式思想教育出的北大新时代青年，他追求的是个性的自由与人格的独立。两个人刚好代表两个时代不同的观念，这种思想上的差异进而产生的矛盾冲突在父子这层身份面前被最大程度地激发了。

1922年，朱自清毕业参加工作，第一份工作是在一所中学里教书。他父亲又正好与这所中学的校长很熟悉，结果朱自清第一个月的工资还没等发到自己手中就被他父亲一声不吭地直接从校长那儿领走了，跑去领工资却空手而归的朱自清在听到工资早就被父亲领走后非常的生气。另一方面，他父亲也同样愤怒，自己养大的儿子终于赚到钱了，却不想交给家里继续供养年纪小的弟弟们，这个儿子就像白养了一样。但在朱自清看来，供养家里归供养家里，但是父亲没有权利将自己的工资全部领走，因为这是自己的钱，自己有权决定怎么使用。

后面又发生了大大小小许多的事，父子两人间的矛盾冲突也越来越深重。这就是为什么《背影》的一开篇就写："我与父亲不相见已经有几年了，我最不能忘记的是他的背影。"我们也许会疑惑为什么父亲明明健在却多年不见了呢？这是因为后来朱自清被他爸爸从家里赶出去了，并不许朱自清再进家门，其间多年里父子几乎没有联系。

朱自清和他的父亲是两个完全不同时代的人，因为时代思想的差异而造成观念和个性的不同，本是没有谁对谁错的，但是难就难在两个人都十分倔强，都觉得自己没有错，因此最后谁都不见谁。

但血浓于水的父子亲情加之人心都是肉长的，所以两人其实都是挂念着对方的。正如《背影》写道儿子明明不让父亲送，父亲却执拗非要送。买橘子时父亲和儿子也都显得局促又纠结，父亲用像命令小孩子一样的语气让作者待在原地等待自己回来，儿子虽然因看到父亲艰难地爬月台而心里难受，却又不想让父亲见到自己因感动而流泪的样子，于是看到父亲往回走，立刻悄悄擦干了脸上的泪水，纠结又倔强的父子双方都碍于面子始终不肯先妥协。

那句"说起冬天，忽然想到豆腐"里的"豆腐"不仅仅是豆腐，而是代表着作者对父亲的爱。父亲夹的豆腐是温暖和美好的代表，不仅仅是在冬天冷，生活条件差时充饥的东西，更重要的是父亲在当年那么爱"我"，所以吃豆腐的回忆也会永远留存在"我"记忆的深处，永远温暖着我。

《冬天》后面两段写朋友和妻子的文字也是在传递着同一种情感，在作者生命那些寒冷的日子里，这些都是曾温暖和照耀过他生命的珍贵回忆。

朱自清文字的特点是很少用高级词，用词总是平平淡淡的，但是非常清新雅致。形容月色的美丽当然有各不尽然的很多种方式，从李白到杜甫，无数的大诗人都会写月亮之亮，月色之美，各尽匠心。但朱自清在《冬天》里就只写了"那晚月色真好，想起来还像照在身上"这么一句话，这句话却不逊色于任何一位古代文豪。甚至写出了一种"高级的漂亮感"。

本来前一晚是"月当头"；也许十一月的月亮真有些特别吧。那时九点多了，湖上似乎只有我们一只划子。有点风，月光照着软软的水波；当间那一溜儿反光，像新砑的银子。湖上的山只剩了淡淡的影子。山下偶尔有一两星灯火。

"软软的水波"和"淡淡的影子"，美好而柔软的水光荡漾，面对眼前的美景，朋友也不禁"口占"了两句"数星灯火认渔村，淡墨轻描远黛痕"的诗，"口占"的意思就是直接现场说出诗句而不写下来。作者之所以写友人作诗就是想表达当时的场景本身就美得像一首诗，"我们都不大说话，只有均匀的桨声。我渐渐地快睡着了。"并不是因无话可说而沉默，而是所有人当时都陶醉在当时静谧美好的月色之中。后又写："P君'喂'了一下，才抬起眼皮，看见他在微笑。"作者写朋友间轻松舒适的这种相处总是让人会心和惬意。

"船夫问要不要上净寺去；是阿弥陀佛生日，那边蛮热闹的。到了寺里，殿上灯烛辉煌，满是佛婆念佛的声音，好像醒了一场梦。"

什么叫"好像醒了一场梦？"其实作者想告诉我们的是，在他心中，曾在西湖水面上泛舟的那一夜，简直就像一场梦一样美又让人眷恋。

"这已是十多年前的事了，S君还常常通着信，P君听说转变了好几次，在一个特税局里收特税了，以后便没有消息。"

这句话里面的"转变"指的是友人革命立场的变化。我们还记得朱自清《荷塘月色》中的第一句就是"这几天心里颇不宁静"。

《荷塘月色》写于1927年9月，正值国共第一次合作破裂。因为朱自清的朋友中既有国民党也有共产党的拥护者，所以此时的他几乎是被迫要夹在两个完全敌对的阵营里面，原本亲密无间的朋友刹那成为敌人，在政治旋涡中的友情脆弱得令人无奈。

所以朱自清之所以会追忆那个与好友一起在西湖里划小船的冬天，因为那是他心中最自在洒脱、静谧美好的一段友情岁月。现实中可怜的朋友们四散，在东奔西走中几乎都没什么交往了，这就仿佛在友情的角度上也遇到了寒冷的"冬天"。尽管如此，他还是会想起最美好的那个充满友情的晚上，这是一个一想到就令人心生温暖的"冬天"。

第三段：在台州过了一个冬天，一家四口子。台州是个山城，可以说在一个大谷里。只有一条二里长的大街。别的路上白天简直不大见人；晚上一片漆黑。偶尔人家窗户里透出一点灯光，还有走路的拿着的火把；但那是少极了。我们住在山脚下。有的是山上松林里的风声，跟天上一只两只的鸟影。夏末到那里，春初便走，却好像老在过着冬天似的；可是即便真冬天也并不冷。我们住在楼上，书房临着大路；路上有人说话，可以清清楚楚地听见。但因为走路的人太少了，间或有点说话的声音，听起来还只当远风送来的，想不到就在窗外。我们是外路人，除上学校去之外，常只在家里坐着。

妻也惯了那寂寞，只和我们爷儿们守着。外边虽老是冬天，家里却老是春天。有一回我上街去，回来的时候，楼下厨房的大方窗开着，并排地挨着她们母子三个；三张脸都带着天真微笑地向着我。似乎台州空空的，只有我们四人；天地空空的，也只有我们四人。那时是民国十年，妻刚从家里出来，满自在。她死了快四年了，我却还老记着她那微笑的影子。

我想先给大家介绍一下朱自清的结发妻子。他的第一任妻子叫武钟谦，14岁与朱自清订婚，1917年两人就结婚了，婚后生了6个孩子，两个儿子，4个女儿。

1922年，朱自清到台州任教。我们都知道朱自清的老家在江苏扬州，但台州在浙江省。其实，朱自清毕业之后原本是在扬州教书，但是发生了前面提过的他父亲凭借关系向学校校长领走了他的第一份工资的事情。因为他爸爸直接去要钱，然后朱自清就非常生气，直接从原本的学校离职了，跑到台州任教，并且不久后把他的妻子和孩子也都接到了身边。

在朱自清和他父亲"冷战"的时候，他的妻子被夹在中间"里外不是人"。朱自清也常常因为心里有怨气而心情不好，偶尔就在家里发脾气，朱自清的父亲当然也不肯低头，也是常常粗言暴语。

但是武钟谦特别好，也特别地能忍，她不仅承受了所有的委屈。甚至后来朱自清被父亲赶出家门时，他的妻子带着孩子因为无处可去，只能回到娘家暂时借住。这在当时其实算一件非常丢人的事情，因为身为七尺男儿的朱自清连给妻儿提供一间遮风挡雨的家都做不到，只能蹭娘家的小破屋。所以朱自清后来好不容易找到了在台州的工作，这才立即把妻儿从在他眼中像个冰窖一样的地方接到了自己的身边，这才过了两年一家几口人在一起的好日子。由此可见，台州的那个冬天其实是他生命当中关于爱情与关于他妻子的一段难得而美好的时光。

1929年，朱自清的第一任妻子就因病在扬州去世了，年仅31岁。朱自清在他的妻子逝世三年之后写了一篇非常感人的文章，叫《给亡妇》。这篇散文就像写信般轻声细语地给他的妻子讲述这些年的事，同时还寄托了他对妻子的无限思念。

朱自清的《给亡妇》是在他的妻子离世三年后写的，而《冬天》这篇文章是他在妻子离世快四年的时候写的，也就是说写完《给亡妇》之后不久，朱自清就又写下了《冬天》。

他在文章中这样回忆台州的冬天："台州是个山城，可以说在一个大谷里。只有一条二里长的大街。别的路上白天简直不大见人；晚上一片漆黑。偶尔人家窗户里透出一点灯光，还有走路的拿着的火把；但那是少极了。我们住在山脚下。有的是山上松林里的风声，跟天上一只两只的鸟影。"

这些环境描写烘托出了较明显的一种寂寞孤单的气氛，因为整个城市都没有什么人，所以说明在台州的生活是十分寂寞孤单的。但他马上又说："夏末到那里，春初便走，却好像老在过着冬天似的；可是即便真冬天也并不冷。"这是什么意思呢？当初朱自清一家人搬来台州的时候正值夏天快过完了，离开台州的时候又是在第二年的春天，所以的确是在台州过了一整个冬天，加之因为环境太凄冷，山边上又没什么人，所以哪怕是秋天时都像在过冬，"即便真冬天也并不冷"，意思就是哪怕是在那个地方的最冷的日子里，我也没觉得冷。为什么呢？因为妻子和孩子都陪在自己身边。

"我们住在楼上，书房临着大路；路上有人说话，可以清清楚楚地听见。但因为走路的人太少了，间或有点说话的声音，听起来还只当远风送来的，想不到就在窗外。"

论写一个地方特别安静，写得最好的还是在古诗中。比如王维那句"空山不见人，但闻人语响"，看不到人但又能听到人说话的声音，这说明说话的人正离得特别远。在这里，朱自清似乎是反过来写的，因为没什么人，所以即便是在远处的讲话我们也能听得清清楚楚，结果导致这个人明明就在近处的时候，"我"都以为他在远处，原因就是这里太空旷，人烟太稀少了。

"我们是外路人，除上学校去之外，常只在家里坐着。妻也惯了那寂寞，只和我们爷儿们守着。外边虽老是冬天，家里却老是春天。"

虽然当时居住的环境不算好，但家人都陪伴在身边，妻子也将家布置得很温馨，所以"我们"家里常充满一种春天的气息，一种欢乐而美好的气息。

"有一回我上街去，回来的时候，楼下厨房的大方窗开着，并排地挨着她们母子三个；三张脸都带着天真微笑地向着我。"

在读这句话时我们可以想象到作者的那份开心，妻儿三个人一起将头露在窗户口向回家的他打招呼，整个画面传达出一种孩童般的无忧无虑之感。

"似乎台州空空的，只有我们四人；天地空空的，也只有我们四人。那时是民国十年，妻刚从家里出来，满自在。她死了快四年了，我却还老记着她那微笑的影子。"一家四口住在台州的日子也许就是作者朱自清在亲情中最美好的记忆。他在《给亡妇》中也写到："我知道。那回我从家乡一个中学半途辞职出走。家里人讽你也走。哪里走！只得硬着头皮往你家去。那时你家像个冰窖子,你们在窖里足足住了三个月。好容易我才将你们领出来了,一同上外省去。小家庭这样组织起来了。你虽不是什么阔小姐,可也是自小娇生惯养的,做起主妇来,什么都得干一两手;你居然做下去了,而且高高兴兴地做下去了。"

在作者朱自清的回忆当中,在台州度过的那个冬天天气寒冷加上住的地方环境也冷清,心里却是无比温暖的,因为那是在他和他的妻子难得的在一起的好日子。所以会直接写下妻子刚从家里出来,"满自在"这句话,因为妻子也从生活和精神上的压力中暂时得到了解脱。

朱自清在《冬天》的结尾写道:"无论怎么冷,大风大雪,想到这些,我心上总是温暖的。"

这句话的意思是,无论人生中在亲情、友情和爱情上遭遇了多少的困难或寒冬,因为有过的那些温暖,所以"我"的心里总是温暖的,这就是《冬天》这篇散文的主旨。

1933年,朱自清的妻子死了近四年,他与父亲间的关系也仍旧僵持着没有真正和好,曾经亲密无间的朋友们都已经天各一方,甚至还有许多现实生活中的其他困难。但在他的心中,当年有过的美好回忆一直是心里的能量,无论天气怎么冷,无论风雪怎么大,只要想到那些温暖的事,心里就总是暖的。

冬天是什么?是我们生命中那些寒冷的时刻,那些困难的日子,人生若遭临此境时,能够支撑我们度过艰难时光的就是爱,因为爱是生命的能量。只要我们觉得这个世界上是有爱存在的,感受到自己被人爱过,在遇到困难的时候,这些东西就会为我们提供能量。

如果领悟了这些,才算得上把《冬天》这篇文章读透了,彻底明白了作者朱自清到底要表达什么，以及为什么这么写，这个叫作读懂，读明白了文章的整体性。

读《阿长与〈山海经〉》

我说过，读文章首先要思考标题有哪些地方值得琢磨和分析。

这篇文章的标题，其实是有点奇怪的。读过这篇文章的人，应该知道阿长是一个根本就不识字的人，《山海经》更不可能是阿长能接触到的书本。这个标题似乎有一种相悖的张力。那么，接下来，我们就一起看看不识字的阿长与经典《山海经》之间发生了什么故事。

这篇文章的第一句话说，"长妈妈，已经说过，是一个一向带领着我的女工，说得阔气一点，就是我的保姆。"

其实，保姆的身份一点都不阔。那鲁迅为什么要这样写呢？就比如，"往厉害了说，你是你们班的小组的副组长。"这就说明你在你们班并没有担任什么重要职位。同样的，把阿长说得阔气一点，也才是一个保姆，就表现出阿长的"不受待见"，她在鲁迅的童年生活中身份十分低微。

鲁迅在写这篇文章的时候,他一直用的是一个小孩的视角,这也是全篇的主视角。而且他还用了一个非常有意思的手法"欲扬先抑"。鲁迅想要写阿长的好,他先写阿长十分普通,甚至身份低微。因为小时候的鲁迅根本不懂阿长对他的这些好,他甚至觉得这个人有点讨厌。

往后看,"我的母亲和许多别的人都这样称呼她,似乎略带些客气的意思。只有祖母叫她阿长。我平时叫她'阿妈',连'长'字也不带;但到憎恶她的时候,——例如知道了谋死我那隐鼠的却是她的时候,就叫她阿长。"

因为祖母的身份高,所以称她为阿长,至于母亲和旁人客气时才叫她长妈妈,而不客气就直接称阿长。至于小鲁迅对阿长则有两种态度,有时亲近,小鲁迅就叫她阿妈;有时"憎恶",小鲁迅就叫她阿长。值得注意的是,"憎恶"这个态度依旧是出于孩童视角,因为他发现隐鼠居然是被阿长踩死的。

这时,我们还可以思考一个问题,为什么标题叫"阿长与《山海经》",而不叫"阿妈与《山海经》"?

阿长与长妈妈分别表达了两种不同的态度,阿长是不客气的称呼。鲁迅在写文章时用的是小时候的感觉,就好像小孩子在倾诉童年不满之事。整个第一段都给了我们这样一种感觉,就是阿长不受待见。但我们切不可据此认为作者就真心厌恶阿长。

"我们那里没有姓长的;她生得黄胖而矮,'长'也不是形容词。又不是她的名字,记得她自己说过,她的名字是叫作什么姑娘的。什么姑娘,我现在已经忘却了,总之不是长姑娘;也终于不知道她姓什么。"

阿长黄胖而矮,却称为"长",怪且妙。"长"在传统的说法里,是高的意思。比如，孔子的身高在一米九以上，也有说法说他接近两米，所以孔子在他的家乡被称为"长人"，即大高个的意思。可阿长又不是大高个，怎么就得了一个这样的名字呢？

"记得她也曾告诉过我这个名称的来历：先前的先前，我家有一个女工，身材生得很高大，这就是真阿长。后来她回去了，我那什么姑娘才来补她的缺，然而大家因为叫惯了，没有再改口，于是她从此也就成为长妈妈了。"

原来，之前的保姆长得很高大，那才是真正的大高个"长姑娘"。等到真阿长走了之后，现在的这个保姆也就是长妈妈，才来补她的缺。说到底，她也就是个替代品，但是大家叫习惯了，懒得改口，就把这个名字继承下来了。这是很值得关注的细节，阿长的地位低到连自己的名字都不配拥有。可见，这是处于多么底层的小人物啊！

这种写法和鲁迅另一篇文章《阿Q正传》是很像的。阿Q没有自己的名字，大家也记不住他的名字，不知道他的名字怎么写。鲁迅就想告诉我们，这种人是不被别人注意的，根本没人在乎他们叫什么。这就是鲁迅写作的高超之处，他不刻意去写笔下的人物如何低微，却能自然地表现出人物的卑微状态。

"虽然背地里说人长短不是好事情，但倘使要我说句真心话，我可只得说：我实在不大佩服她。"

很多时候，我们在运用"欲扬先抑"的写作手法时，很容易在"抑"的时候，把握不好"抑"的尺度，把人写得太差了。就无法起到欲扬先抑的效果。

这里面有一个非常有意思的写法，就是"我实在不太佩服她"。假设我们把"我实在不太佩服她"改成"我真的太讨厌她了",那这种感觉就截然不同了。"不太佩服"其实是一种弱化的写法。鲁迅写这个文章的目的是怀念阿长,而不是表达对阿长的厌恶。所以,他在前面假装说自己小时候多么不喜欢阿长,但是他不能真的把阿长写得特别不好。包括鲁迅在后文写阿长的毛病时,他刻意写的都是阿长的小毛病,无伤大雅。而在这里,鲁迅也在有意弱化对阿长的贬低。

"最讨厌的是常喜欢切切察察,向人们低声絮说些什么事。还竖起第二个手指,在空中上下摇动,或者点着对手或自己的鼻尖。我的家里一有些小风波,不知怎的我总疑心和这'切切察察'有些关系。又不许我走动,拔一株草,翻一块石头,就说我顽皮,要告诉我的母亲去了。"

这一部分"最讨厌"依旧是孩童视角。小鲁迅讨厌阿长的第一个原因是阿长喜欢聊天,喜欢说些小道消息。注意后一句话,"小鲁迅疑心家里的风波与阿长有关系。",这句话用的是"疑心",也就是说小鲁迅也并不确定。这又是一种弱化,这些捕风捉影的东西根本不是阿长"证据确凿"的缺点。如果真是阿长在传播些不好的消息,那小鲁迅就只能货真价实地讨厌她了,而这并不是这篇文章要传达的主题。

第二个原因是不许小鲁迅调皮,老是向母亲告状。阿长作为一个保姆,看管小孩本就是她的责任。更何况读过《从百草园到三味书屋》的人都知道,鲁迅小时候是一个非常调皮的孩子,看看这里是怎么说的,"有人说,何首乌根是有像人形的,吃了便可以成仙,我于是常常拔它起来,牵连不断地拔起来,也曾因此弄坏了泥墙,却从来没有见过有一块根像人样。"由此可知,鲁迅哪是"拔一株草,翻一块石头",他拔的是一排何首乌,翻的是整个泥墙。这一句话其实也是鲁迅在模拟一个小孩"避重就轻"地发牢骚。比如，我们小时候把别的同学的桌子给弄翻了，闯祸了之后，我们都会说，"我不过是轻轻地碰了一下。"这就是小孩的特点。所以这一段写的也并非阿长的真缺点。

我们再看第三个原因。"一到夏天，睡觉时她又伸开两脚两手，在床中间摆成一个'大'字，挤得我没有余地翻身，久睡在一角的席子上，又已经烤得那么热。推她呢，不动；叫她呢，也不闻。'长妈妈生得那么胖，一定很怕热罢？晚上的睡相，怕不见得很好罢？……'母亲听到我多回诉苦之后，曾经这样地问过她。我也知道这意思是要她多给我一些空席。她不开口。但到夜里，我热得醒来的时候，却仍然看见满床摆着一个'大'字，一条臂膊还搁在我的颈子上。我想，这实在是无法可想了。"

这一段是很有意思的。阿长作为保姆，她会去向主家父母告小孩的状；那作为主家小孩的鲁迅，他也去告保姆的状。小鲁迅就去跟母亲说，阿长的睡姿不好，把我挤得没位置了。你看，这两个人的关系可不是岁月静好，而像对头一样，相互告状。

这就是鲁迅写文章的厉害之处了。我们有时候写关于朋友或亲人的文章时，总是直接写我们两个人的关系有多好。这样写成的文章没有起伏，非常平淡。而会写文章的人，比如说鲁迅，他就先写彼此之间的"不对付"，然后再慢慢写自己越来越发现对方的好。这个就叫"欲扬先抑"。

当然，这一段还可以看出鲁迅的母亲是比较有修养的，她间接地提醒阿长，你晚上睡觉的时候要多加注意睡姿，给小孩留点空隙。这样一句话，小鲁迅听懂了，所以说鲁迅从小就是一个很精明的人。

这个时候，阿长不开口。为什么不开口呢？有两种情况，一种情况是阿长听不懂：阿长是个粗人，她听不懂如此委婉的提示。一种情况是阿长听懂了：阿长知道自己睡姿不好，但是她又没法控制自己的睡姿。等到晚上，阿长的睡姿依旧不改。这其实也不是什么大毛病。阿长是一个比较粗糙的乡下人，她的睡姿确实不会太雅观；再者，阿长平时白天又干体力活，晚上睡觉睡得很沉，她也无法控制自己的睡姿，这也是很正常的。

继续往后看小鲁迅讨厌阿长的第四个原因。"但是她懂得许多规矩；这些规矩，也大概是我所不耐烦的。辞岁之后，从长辈得到压岁钱，红纸包着，放在枕边，只要过一宵，便可以随意使用。睡在枕上，看着红包，想到明天买来的小鼓、刀枪、泥人、糖菩萨……"

小鲁迅讲完了睡姿不好这件事，又开始讲规矩不好这件事。有没有注意到鲁迅从一开始就在写两个人如何对着干，她干的事我不喜欢，我喜欢的事她都不干。小孩天性就是爱自由的，最讨厌的就是规矩。阿长也很有意思，她睡觉不规矩，醒着偏规矩。

这一段写的是小孩的心理，过年有压岁钱，拿红纸包着，美滋滋地放在枕头旁边，心想，只要过了今天晚上，这钱就是我的了，我想买什么就买什么。

"然而她进来，又将一个福橘放在床头了。'哥儿，你牢牢记住！'她极其郑重地说。'明天是正月初一，清早一睁开眼睛，第一句话就得对我说："阿妈，恭喜恭喜！"记得么？你要记着，这是一年的运气的事情。不许说别的话！说过之后，还得吃一点福橘。'她又拿起那橘子来在我的眼前摇了两摇，'那么，一年到头，顺顺溜溜……'"

"然而"这两字是急转直下的，就好像两个人在故意作对一样。小鲁迅那些美美的心情瞬间就绷住了，小鲁迅不喜欢吃福橘，不喜欢那些天大的规矩，更不喜欢阿长一直在他旁边唠叨重复。

我当时读到这一段，我还有一种感觉，便是阿长真可怜。她一年到头，所盼望的无非就是顺顺利利的，这种"顺利"是很多底层小人物的希望。

"梦里也记得元旦的，第二天醒得特别早，一醒，就要坐起来。她却立刻伸出臂膊，一把将我按住。我惊异地看她时，只见她惶急地看着我。她又有所要求似的，摇着我的肩。我忽而记得了——'阿妈，恭喜……''恭喜恭喜！大家恭喜！真聪明！恭喜恭喜！'她于是十分欢喜似的，笑将起来，同时将一点冰冷的东西，塞在我的嘴里。我大吃一惊之后，也就忽而记得，这就是所谓福橘，元旦辟头的磨难，总算已经受完，可以下床玩耍去了。"

小孩的心思浅，一觉过去忘记了很多事情，然而阿长把这个事看得天大。等到小鲁迅醒来的时候，阿长猛地把他给按住。小孩的态度是"惊异"，怎么了，发生什么事情了？而阿长是"惶急"，怎么办，小孩把规矩给忘了。这两个词语是工整又有趣，整个画面感特别强。

小鲁迅终于想起来规矩了，说出些新年的吉利话，阿长的心情便高兴起来。但是对小孩来说，他起床之后就想出去玩，结果被迫说福气话，吃凉橘，这算是元旦的"磨难"。两人对待同一件事，心情是截然不同，很"不对付"。

"她教给我的道理还很多，例如说人死了，不该说死掉，必须说'老掉了'；死了人，生了孩子的屋子里，不应该走进去；饭粒落在地上，必须拣起来，最好是吃下去；晒裤子用的竹竿底下，是万不可钻过去的……。此外，现在大抵忘却了，只有元旦的古怪仪式记得最清楚。总之：都是些烦琐之至，至今想起来还觉得非常麻烦的事情。"

第四个原因就是小鲁迅觉得阿长有一堆烦琐的规矩。但这算是什么天大的过错吗？当然不是，在当时整体社会环境都很愚昧的背景下，阿长作为一个普通的劳动人民，她没有接受过教育，跟着大家一起信奉这些规矩，是可以理解的。此外，阿长守的那些规矩无非想让自己的生活变得顺畅一点，也是无可厚非的。

"然而我有一时也对她发生过空前的敬意。她常常对我讲'长毛'。她之所谓'长毛'者，不但洪秀全军，似乎连后来一切土匪强盗都在内，但除却革命党，因为那时还没有。她说得长毛非常可怕，他们的话就听不懂。她说先前长毛进城的时候，我家全都逃到海边去了，只留一个门房和年老的煮饭老妈子看家。后来长毛果然进门来了，那老妈子便叫他们'大王'，——据说对长毛就应该这样叫，——诉说自己的饥饿。长毛笑道：'那么，这东西就给你吃了罢！'将一个圆圆的东西掷了过来，还带着一条小辫子，正是那门房的头。煮饭老妈子从此就骇破了胆，后来一提起，还是立刻面如土色，自己轻轻地拍着胸脯道：'啊呀，骇死我了，骇死我了……'"

阿长经常给小鲁迅讲长毛的故事。"长毛"最开始指的是太平天国军队，清朝人前半部分头发都要剃掉，而当时太平天国运动要"反清"，他们就提倡蓄发，因此民间就称他们为"长毛"。不过，在很多没什么见识的平头老百姓眼中，太平天国起义军、土匪、强盗都是一样的长毛妖怪。

这一段里说，"长毛"说的话他们都听不懂；又说，"长毛"让别人吃东西。按理说，如果听不懂"长毛"的话，怎么能知道"长毛"的意思呢？极有可能，这只是百姓们的猜测。接着，一个圆圆的头掷了过来。这里就写得比较奇怪，吃人头的"长毛"简直就是妖怪了。

这其实就是当时革命者的现状：革命者在老百姓眼中如妖怪一样。很多革命者为了普通的老百姓付出生命，但是老百姓没有文化，他们根本不知道革命者在拯救他们。老百姓听信了当时那些高高在上的当权者的谎言，便误以为这些革命者都是些魑魅魍魉。

鲁迅也写过一些批判此现象的小说。比如《药》，就是讲当时中国老百姓的愚昧无知与麻木不仁。革命者夏瑜为了拯救社会，奉献出自己的生命。夏瑜这个人物的原型是秋瑾，夏对应秋，瑜对应瑾。但是，那些被拯救的老百姓却对革命者的牺牲无动于衷，他们愚昧无知的观念依旧没有改变，如老栓，他听闻吃了蘸了人血的馒头就可以治肺痨，等到革命者被杀掉之后，老栓就用馒头蘸着他的血，给自己的儿子治病。这是非常悲哀的。

回到原文，那煮饭的老妈子"面如土色"，自己轻拍胸脯安慰自己。这一段文字写得是非常活灵活现的，极具画面感。

"我那时似乎倒并不怕，因为我觉得这些事和我毫不相干的，我不是一个门房。但她大概也即觉到了，说道：'像你似的小孩子，长毛也要掳的，掳去做小长毛。还有好看的姑娘，也要掳。''那么，你是不要紧的。'我以为她一定最安全了，既不做门房，又不是小孩子，也生得不好看，况且颈子上还有许多灸疮疤。"

这段话就是纯粹的小孩的逻辑。小孩的思维是一种感性的思维，他的逻辑链条非常短。别人对他讲一个门房被杀的故事，那小孩觉得，我又不是门房，自然与我无关。比如《狗·猫·鼠》这篇文章中，奶奶给小鲁迅讲了一个故事，老虎曾经拜猫为师。小鲁迅听完之后说，呦，幸亏猫没有教老虎爬树，要不然从今天晚上从桂树上爬下来的就该是那个老虎了。小孩听完故事之后只是觉得侥幸，这就是小孩非常简单的思维。鲁迅在写《朝花夕拾》散文集时，特别擅长用孩子的逻辑去回忆自己的童年。

阿长发现小鲁迅居然不怕，她赶紧就说，你不要侥幸，你这样的小孩子也会被"长毛"抓的，你应该要感到害怕才是。这两人又开始杠上了，尤其是阿长还顺嘴多说了一句，"好看的小姑娘也会被掳。"小鲁迅也是很顽皮的，他暗戳戳地说，阿长你是不用担心的，毕竟阿长长得太丑了。这个情节中的两个人就好像是斗嘴的伙伴一样，很有趣。

"'那里的话？！'她严肃地说。'我们就没有用处？我们也要被掳去。城外有兵来攻的时候，长毛就叫我们脱下裤子，一排一排地站在城墙上，外面的大炮就放不出来；再要放，就炸了！'这实在是出于我意想之外的，不能不惊异。我一向只以为她满肚子是麻烦的礼节罢了，却不料她还有这样伟大的神力。从此对于她就有了特别的敬意，似乎实在深不可测；夜间的伸开手脚，占领全床，那当然是情有可原的了，倒应该我退让。"

本来被"长毛"掳走是件很可怕的事情，结果当两个人开始较劲的时候，这个可怕的事情好像变成了一个有面子的事了。这种写法特别像《阿Q正传》。别人嘲笑阿Q脑袋上有一个赖疮疤。阿Q却觉得我有癞疮疤特权，我厉害。这就是"阿Q精神"。

当然，作者并没有带着批判的意识写这个人物，阿长无非就是个朴实无知而好笑的农村妇女。只是长大之后，鲁迅回忆童年时的阿长时，既觉得她无知，又觉得她好笑，同时觉得她可怜。

"这种敬意，虽然也逐渐淡薄起来，但完全消失，大概是在知道她谋害了我的隐鼠之后。那时就极严重地诘问，而且当面叫她阿长。我想我又不真做小长毛,不去攻城,也不放炮,更不怕炮炸,我惧惮她什么呢!"

这是小鲁迅讨厌阿长的第五个原因:阿长害死了隐鼠。小孩子的爱憎是非常分明的,表现情绪的方式也非常直接,即当面叫她阿长。毕竟只要不做"长毛",就不需要怕她,这体现出小孩既幼稚又精明的想法。

"但当我哀悼隐鼠,给它复仇的时候,一面又在渴慕着绘图的《山海经》了。"

小孩子就是如此,他今天喜欢一个东西,若是不小心坏了,他崩溃到感觉整个人生都没法过了。可结果,不久后他又会喜欢上一个新的玩具,玩得不亦乐乎。这就是小孩"朝三暮四"的特点。

"这渴慕是从一个远房的叔祖惹起来的。他是一个胖胖的,和蔼的老人,爱种一点花木,如珠兰、茉莉之类,还有极其少见的,据说从北边带回去的马缨花。他的太太却正相反,什么也莫名其妙,曾将晒衣服的竹竿搁在珠兰的枝条上,枝折了,还要愤愤地咒骂道:'死尸!'这老人是个寂寞者,因为无人可谈,就很爱和孩子们往来,有时简直称我们为'小友'。"

远房叔祖是一个有审美趣味的人,喜欢摆弄花草。而他的老婆是一个没有任何的生活乐趣的人。所以,叔祖的内心是很孤单的,没有人和他交流,他只能在与小朋友交往的过程中找些乐趣。"小友"其实就是老人排遣寂寞的途径。

"在我们聚族而居的宅子里,只有他书多,而且特别。制艺和试帖诗,自然也是有的;但我却只在他的书斋里,看见过陆玑的《毛诗草木鸟兽虫鱼疏》,还有许多名目很生的书籍。我那时最爱看的是《花镜》,上面有许多图。他说给我听,曾经有过一部绘图的《山海经》,画着人面的兽,九头的蛇,三脚的鸟,生着翅膀的人,没有头而以两乳当作眼睛的怪物,……可惜现在不知道放在那里了。"

　　这里提到的两本书要么是讲动物的，要么是图片多的，这就是孩子的天性，就好比，现在的孩子们特别喜欢看动画片。

　　这一段和《狗·猫·鼠》的描写有异曲同工之妙。《山海经》是别人说给我听的，我听得心痒痒，但是可惜书不见了。就像《狗·猫·鼠》一样，我听父亲说有一种"墨猴"，得不到墨猴就只能找个隐鼠，总归是聊胜于无，但最后隐鼠却死了。这里写得非常巧妙，因为正是阿长曾把我喜欢的隐鼠弄死了，但是如果她拿到了《山海经》，刚好就弥补了以前的过错。

　　这段还有一个细节，《山海经》上生着翅膀的人是帝江，没有眼睛的人是刑天，但是文章没有点明这两人物。因为，此时的小鲁迅根本没有见过《山海经》，这些内容都是他听说的，而且他记下来的全是奇异的内容。

　　"我很愿意看看这样的图画，但不好意思力逼他去寻找，他是很疏懒的。问别人呢，谁也不肯真实地回答我。压岁钱还有几百文，买罢，又没有好机会。有书买的大街离我家远得很，我一年中只能在正月间去玩一趟，那时候，两家书店都紧紧地关着门。玩的时候倒是没有什么的，但一坐下，我就记得绘图的《山海经》。"

　　叔祖真的是疏懒吗？其实，他根本就没心思找本书，如果他真想给孩子找出来，是能够找到的。别人是真的不知道《山海经》吗？其实，大人就是在敷衍小孩，没人把这当回事。小孩自己想买呢，结果没有机会。一次次的拒绝，但小鲁迅就是心心念念这本《山海经》，作者对孩子执着的心理把握得非常到位。

为什么说《朝花夕拾》值得阅读呢？鲁迅写的无非就是小孩子的故事，但他厉害的是能在四五十岁的时候把自己童年的事情写得那么自然。而我们很多孩子在写关于童年的作文时，写的东西一点也不像是小孩子写的。这就是差别。

"大概是太过于念念不忘了，连阿长也来问《山海经》是怎么一回事。这是我向来没有和她说过的，我知道她并非学者，说了也无益；但既然来问，也就都对她说了。"

《狗·猫·鼠》那篇文章里，小鲁迅在等隐鼠回家，结果苦等了一天半，都没瞧见它。这时，只有阿长轻轻地告诉"我"，隐鼠被猫吃了。然而事实是，阿长踩死了隐鼠，但阿长并不是故意踩死老鼠来泄愤或作对，她作为一个粗鲁的农村妇女，有天发现隐鼠就在脚旁边，踩死老鼠是很正常的反应。等到阿长发现那老鼠原来是小鲁迅的心爱之物时，她的反应就是赶忙安慰他，要他别等那只老鼠了。

所以，阿长是真正关心小鲁迅的人。表面看来，阿长大字不识一个，跟《山海经》毫无关系。但小鲁迅向那些与《山海经》有关系的人求助时，谁也不肯搭理他；而这个跟《山海经》毫无关系的阿长，偏偏主动来问他。

文中是这样写的："大概是太过于念念不忘了。"或许根本就不是小孩絮絮叨叨的缘故，而是因为阿长一直在意小鲁迅。

鲁迅出身于大家族，长辈们对他充满了期望，希望他长大以后读书做官、光耀门楣。玩隐鼠也好，看图画书也好，这些都是不被长辈们所鼓励的，根本没有人在乎这些事情。但只有阿长是希望鲁迅开开心心的。你伤心了，我就过来安慰你；你想要《山海经》，我就过来问问你。所以，别看这两个人平时你吵我闹的，但他们之间是有深厚的情感的。

"过了十多天，或者一个月罢，我还记得，是她告假回家以后的四五天，她穿着新的蓝布衫回来了，一见面，就将一包书递给我，高兴地说道：'哥儿，有画儿的'三哼经'，我给你买来了！'"

阿长告假回来后十分高兴，她根本不是为自己高兴，而是为小鲁迅高兴。因为她帮小鲁迅买到了有画儿的'三哼经'。这句话写得实在是太妙了！《三哼经》就是《山海经》，阿长是不识字的，听了之后也记不住，但她隐隐约约地记住了读音"三哼经"。阿长就凭着这个读音前去买书，我们可以想象她在买书过程中会多艰难，可以感受到阿长对鲁迅的爱有多深切。

对比一下阿长与其他长辈：长辈们识字，找书买书不过是举手之劳的事情，但他们无心帮忙。而阿长一个连书名都不知道的粗人，却有心买到了这本书。

"我似乎遇着了一个霹雳，全体都震悚起来；赶紧去接过来，打开纸包，是四本小小的书，略略一翻，人面的兽，九头的蛇，……果然都在内。这又使我发生新的敬意了，别人不肯做，或不能做的事，她却能够做成功。她确有伟大的神力。谋害隐鼠的怨恨，从此完全消灭了。这四本书，乃是我最初得到，最为心爱的宝书。"

"霹雳"是小鲁迅心灵之震撼，"略略"是兴奋至极不求甚解，先看一眼再说。这个新的敬意跟前面"长毛"的敬意是不一样的。上一个敬意是有点搞笑的，而这个敬意是小鲁迅真切地感受到了阿长的伟大。阿长她又没文化，又迷信，又粗鲁，又絮絮叨叨，但是她深深地爱着小鲁迅，就好像前面所有的缺点反而衬托出阿长的伟大了。

就好比，你的爸爸特别笨，什么事都做不好，但是他却为你做成了一件聪明人都做不好的事。这样的写法就更能体现父亲对你的爱之深切。相比来讲，这比你直接写一个万能的父亲，更加真实感人。朱自清就是这样写的，《背影》里写他爸爸是个胖子，但是他笨手笨脚去爬月台给儿子送橘子。这就是很真实的父爱。

小鲁迅得到了《山海经》，隐鼠的怨恨从此消灭了。这里，我们可以猜测怨恨消失的两种原因，第一是小鲁迅懂事了，终于明白阿长对他的爱；第二是小鲁迅还不懂事，但阿长的《山海经》足以弥补隐鼠的遗憾。总之，我们要明白，爱是能消灭恨的。

"书的模样，到现在还在眼前。可是从还在眼前的模样来说，却是一部刻印都十分粗拙的本子。纸张很黄；图像也很坏，甚至于几乎全用直线凑合，连动物的眼睛也都是长方形的。但那是我最为心爱的宝书，看起来，确是人面的兽；九头的蛇；一脚的牛；袋子似的帝江；没有头而'以乳为目，以脐为口'，还要'执干戚而舞'的刑天。"

阿长买的《山海经》并不是珍品，用今天的眼光来看，它有很多缺点，甚至可能是盗版，但是那却是鲁迅一直心爱的宝书。与前文不同的是，此处的《山海经》提到了帝江与刑天的名字，因为这时鲁迅已经拥有了这本书，不再从他人口吻中听到那些奇异的细节。

"此后我就更其搜集绘图的书，于是有了石印的《尔雅音图》和《毛诗品物图考》，又有了《点石斋丛画》和《诗画舫》。《山海经》也另买了一部石印的，每卷都有图赞，绿色的画，字是红的，比那木刻的精致得多了。这一部直到前年还在，是缩印的郝懿行疏。木刻的却已经记不清是什么时候失掉了。"

大多数人可能都有过类似的体验，小时候特别宝贝的东西，多年之后回过头来想，宝贝其实很普通。之后，我们可能会收到无数个更好的东西，但是那种喜悦总没有第一次时那么强烈。

我们说这个文章用的是"欲扬先抑"，但到最后鲁迅终于不再压制成年的自己的感情了。他正面地告诉我们，他童年的最大的快乐是阿长带给他的《山海经》，他也明白了阿长是从心里真正在乎他的那个人。前面的内容都是从不懂事的小鲁迅的视角来展开描述。最后这部分以长大的鲁迅的视角，带着温馨与笑容去回忆这一切。

"我的保姆，长妈妈即阿长，辞了这人世，大概也有了三十年了罢。我终于不知道她的姓名，她的经历；仅知道有一个过继的儿子，她大约是青年守寡的孤孀。"

到了这里，鲁迅的称呼从阿长改为了长妈妈，并且为长妈妈正名：她就是"我"的保姆，而不再是"阔气了说"。鲁迅很思念她，同时为她"青年守寡，一生悲苦"的命运感到遗憾。

"仁厚黑暗的地母呵，愿在你怀里永安她的魂灵！"

阿长死后，埋在了地里。而大地就像母亲一样，故称"地母"。这一句写出了鲁迅不再掩饰的真情和爱，他祈祷"地母"能够好好地慰藉她可怜的灵魂。

这篇文章到这里就结束了。鲁迅写文章非常有章法，前面偏偏写阿长的不好，用大量的铺垫写这个"我"并不待见的人。最后，慢慢地，他发现阿长才是真正爱着他的人。这也是鲁迅没把这篇文章命名为《长妈妈与〈山海经〉》，而专叫《阿长与〈山海经〉》的缘故了。

读《红楼梦·黛玉进贾府》

《红楼梦》这本书有很多人特别喜欢,也有很多人特别不喜欢。特别是很多小男生,小时候根本读不进去。我记得当年我刚开始读这本书的时候也是如此,基本上读到五六回就睡着了。

为什么会这样呢?有个重要的原因就是我们其实没太明白《红楼梦》到底在讲什么。今天也有很多的红学家,会去研究与考据书本里面深刻的寓意、暗示及隐喻等。这是很复杂的程序。我们作为普通人读书,其实没有必要把它搞得这么复杂。简单来说,这本书就谈了一个字,这个字就是"情"。作者曹雪芹在很多地方已经讲过四个字"大旨谈情"。他曾说,"虽其中大旨谈情,亦不过实录其事,又非假拟妄称,一味淫邀艳约私讨偷盟之可比。"

情是什么呢？情感其实是我们人与生俱来的一种本能，情也是我们区别于动物的一个非常重要的特点。当然有些动物也有感情，但是我们人的感情特别丰富。所以大家在读《红楼梦》的时候，可以多把精力放在体会每个人物的性格心理及人物情感上，比如贾宝玉到底是什么样的人，为什么贾政说他是混世魔王，为什么黛玉却喜欢他。读过《红楼梦》的人就会发现，贾宝玉的人物性格特点是真性情，黛玉就偏偏喜欢这种真性情。但是在那样一个等级森严的封建大家族当中，宝玉的真性情是不为所容的，故而贾政叫他混世魔王。所以，我们本着"情"这个字去读《红楼梦》，也许能读出很多不同的东西。

今天，我想跟大家一起读黛玉进贾府的这个情节。前面的部分讲的是一些前世的故事，等到进贾府这段情节，才算林黛玉真正的出场。因为《红楼梦》的故事主要发生在贾府中，而黛玉作为第一女主角和第一男主角贾宝玉的相会也是在贾府，当然二号女主角薛宝钗在后面也会加入进来。所以我们的第一讲就是从黛玉进贾府开始聊起。

首先，大家要知道黛玉为什么要进贾府。林黛玉的父亲林如海道："天缘凑巧，因贱荆去世，都中家岳母念及小女无人依傍教育，前已遣了男女船只来接，因小女未曾大痊，故未及行。"其实，对黛玉来讲，这是一个悲剧，因为她的妈妈去世了。她妈妈就是贾府的女儿，名叫贾敏，是贾政的妹妹。贾敏嫁到林家之后，生了黛玉，基本上没怎么回过贾府。因为古代的女子不像今天的人想回娘家就能随时回，那个时候只有很重要的节日才会有正儿八经的省亲。如果平时你没事就回娘家，这个事定会引起别人非议。当时的女子除了重大节日之外，只有在被休了的时候才会回娘家。所以，贾敏出嫁之后很少回贾府，黛玉之前更是从未进过贾府。

等到黛玉母亲去世了,黛玉的外婆也就是贾母觉得黛玉孤苦伶仃,担心她没人教、没人养,而贾府是个大家族,就想把黛玉接过来住一段时间。同时,黛玉的父亲林如海也没有其他的孩子,他觉得自己一个大男人也无法照顾好一个小孩子,最后便让黛玉上贾府去了。《红楼梦》里写到黛玉其实本来不想去,"那女学生黛玉身体方愈,原不忍弃父而往",只不过有两个原因,第一个原因是黛玉外祖母执意要她去,第二个原因就是父亲林如海说,你去了贾府正好减少了他的内顾之忧。所以黛玉只好"洒泪拜别"。所以我们可以看出黛玉进贾府已经蒙上了一层悲剧的影子。

黛玉这一次初进贾府,大概是六岁。因为黛玉五岁的时候,母亲逝世,之后过了一段时间才去贾府,我们推测大概是六岁。黛玉的年纪是跟电视剧特别不一样的地方,电视剧找的演员是已经十多岁的姑娘了,但其实原著当中,黛玉还是个小孩。而宝玉出场的时候也就比黛玉大一点点,大概七八岁的样子。所以这是两个两小无猜、青梅竹马的小孩一起长大的故事。

曹雪芹具体在写黛玉进贾府这个情节的时候,他安排了很多可以仔细琢磨的细节。比如说,我们通过黛玉在一路上所见的贾府的外观陈设,所见之人的服饰礼仪,能够判断出贾府的泼天富贵。我们还能看出黛玉的敏感聪明的性格。

为什么这么说呢?

"这林黛玉常听见母亲说过,他外祖母家与别家不同,"虽然黛玉母亲在《红楼梦》中一出场便去世了,但其实黛玉对贾府的很多信息都是从母亲那里得到的。黛玉在进贾府前,就有了一些心理基础。"他近日所见的这几个三等的仆妇,吃穿用度,已是不凡了,何况今至其家。"黛玉是贾母派人接到贾府来的,而黛玉作为官宦子弟,她都觉得普通的仆妇有些与众不同。所以,她进贾府时,"步步留心,时时在意,不肯轻易多说一句话,多行一步路,生恐被人耻笑了去。"

从这句话,我们可以看出林黛玉年纪虽小,但是她内心是非常敏感的。

为了表现出贾府的富贵,曹雪芹一方面直接描述贾府豪华奢侈的陈设布局,另一方面他写了一个细节,就是接林黛玉的人换了一波又一波。首先,来林府接人的是三等仆妇。等到林黛玉弃舟登岸的时候,还有荣国府打发了轿子在等候着她。之后,走到一个地方,轿子又歇下了,因为到了轿夫这批人没有资格进的地方了。这时,另换了三四个穿着光鲜十七八岁的小年轻来抬轿子,走到了一个垂花门前,停下轿子。这时,黛玉才看到贾府的抄手游廊、穿堂、插屏等。穿过几间厢房,黛玉又看到几个丫鬟,她们争着掀帘子,笑说,林姑娘来了。这时就属于走到贾府里边来了。

黛玉刚进房间的时候,就看到贾母出来了。曹雪芹描写贾母,也特别有意思。他只用了四个字描写这个老太太,叫"鬓发如银"。"鬓发如银"就是说这头发跟银子一样,特别白。在书的前面些文字,作者就交代过贾母是贾府中辈分最高、名望最高、地位最高的人。观察一些细节,我们就会发现老太太在贾府里绝对不简单。

第一个细节是林黛玉进去的时候,所有的人都规规矩矩的。但是当贾母出场的时候,林黛玉还准备拜见,结果贾母一把把她搂入怀中,心肝肉地叫着,就大哭起来。在一个封建大家庭当中,等级秩序与礼节要求是非常严格的。但是，这样的一个老太太可以肆无忌惮地表现自己的情绪，她在贾府当中的地位一定是非常高的。当然，普通人家里的老太太做出这样的行为很正常，但是在贾府这样的大家族中，能做出这样的行为，绝非寻常人。

更有意思的是下面一句，"当下地下侍立之人，无不掩面涕泣。"人家老太太都开始哭了，其他人还愣着干嘛，当然也得哭一哭。这其实也是贾母权威的象征。实际上，整个贾府也就贾母跟林黛玉关系是非常近的，贾母的哭泣是真情流露，其他人哭一哭不过是顾忌贾母的地位。

黛玉进贾府这一段所见到的这些人，绝大部分都是没有外貌描写的。唯独有两个例外，第一个例外是三个姐妹，即迎春、探春、惜春，此时元春已经进宫了，不在贾府。这三个人分别简单地讲了一句，迎春是这样描写的，"第一个肌肤微丰，合中身材，腮凝新荔，鼻腻鹅脂，温柔沉默，观之可亲。"迎春这个女孩看上去很老实，后来有个外号叫"二木头"。第二个是探春，"削肩细腰，长挑身材，鸭蛋脸面，俊眼修眉，顾盼神飞，文彩精华，见之忘俗。"我们知道，探春是一个非常能干的人，这和她的外貌是很相当的。第三个是惜春，当时惜春年纪很小，所以没有正儿八经的描写，就写"身材未足，形容尚小"。

除了这三姐妹外，第二个例外就是王熙凤。王熙凤的出场跟所有人的出场都不一样，因为所有人都是在等黛玉，只有王熙凤不等黛玉。黛玉正在跟贾母聊天，聊着聊着突然听到后院有人笑，并且有一个声音传出来，说，"我来迟了，不曾迎接远客。"

黛玉这样一个心思很细腻的小孩，她就纳闷道：这些人个个皆敛声屏气，恭肃严整如此，这来者系谁，这样放诞无礼。黛玉觉得这人如此放肆，第一她是大笑着出场的，第二，她还说，"我来迟了。"结果，黛玉看到一群媳妇丫鬟就簇拥着一个人来了，简直是众星拱月。

这时，曹雪芹就具体写王熙凤的外貌。当然有很多人觉得这一段描写很奇怪，为什么曹雪芹写王熙凤的外貌要用这么多华丽的词，为什么要用这么长的篇幅去写王熙凤的服饰？

王熙凤出场是"上戴着金丝八宝攒珠髻，绾着朝阳五凤挂珠钗"。很多人读到这里，便读不下去了，就纳闷，写人为什么要写这么复杂？其实曹雪芹就想告诉读者，这个人的穿着极其雍容华贵、与众不同。林黛玉所见的其他人都是很正常的，但是唯独王熙凤是格外华贵的。王熙凤的身份是贾家的儿媳妇，她在贾家非常受宠，性格也十分强势。同时通过她来得晚，还能一边笑一边说，就说明王熙凤的这种泼辣在贾府当中相当混得开。

所以，我们读《红楼梦》的时候，会发现每一个细节都是很有意思的。包括书里写到王熙凤的长相，"身量苗条，体格风骚，粉面含春威不露，丹唇未启笑先闻。"意思就是王熙凤虽长得很漂亮，但这个人很狠，另外，她喜笑盈腮的，可见她八面玲珑。我们读《红楼梦》的时候，不要忽略了那些看起来很无聊的细节描写，很多时候这些描写都是跟这个人的身份、个性有关系的。

这时，黛玉连忙起身接见。王熙凤讲话也是特别厉害的，她先是拉着黛玉的手看了半天，然后放到贾母的身边，笑着说了一句话，"天下真有这样标致的人物，我今儿才算见了。"这句话很明显就是王熙凤在讨好贾母。接着第二句话就更厉害了，"况且这通身的气派，竟不像老祖宗的外孙女儿，竟是个嫡亲的孙女。"这句话里边就有两层意思，第一层意思是讨好贾母，你看黛玉长得这么好，打扮得也好，简直像是您的嫡孙女。第二层意思是警醒黛玉，你别忘了你的身份，你不是亲孙女，你是外孙女。

接着她讲，"怨不得老祖宗天天口头心头，一时不忘。"这其实是在黛玉面前说贾母的好话嘛。还说，"只可怜我这妹妹这样命苦，怎么姑妈偏就去世了。"这又是在警醒黛玉了，王熙凤暗戳戳地告诉黛玉，你是个没根的人，来到贾府，无依无靠。

而且后边王熙凤就跟林黛玉表明自己的地位，她说，"妹妹几岁了？可也上过学？现吃什么药？在这里不要想家，要什么吃的，什么顽的，只管告诉我。丫头老婆们不好了，也只管告诉我。"这句话其实就是告诉黛玉，这里我做主。可见，王熙凤在贾府里面是一个泼辣能干，且很喜欢凸显自己的能力和地位的人。

我建议大家在读书的时候，要把注意力放在人物的身上，而不是放在情节上。尤其像《红楼梦》这样的小说，大家会过度地挖掘这个地方是不是有什么深意、有什么暗示、有什么隐喻、有什么象征？我不是说不能去挖掘，只不过从《红楼梦》"大旨谈情"的写作意图来看，我们要更多地了解书中的人情。

《红楼梦》当中有一副对联，贾宝玉特别讨厌它，但实际上，这也是曹雪芹写《红楼梦》时的追求。对联这样写道，"世事洞明皆学问，人情练达即文章。"写文章就是要把人情给写出来。

大家可以发现一个很有趣的细节，黛玉进贾府整个过程都没有描写黛玉的外貌，按理说，黛玉作为主角，应该是作者尽情泼墨的对象。那曹雪芹为什么不写林黛玉的外貌呢？

原因很简单。黛玉等待着一个更重要的人，通过那个人来展示黛玉的形象。那么这个人就是我们的男主角贾宝玉。贾宝玉见黛玉是不和众人一起的，若是一起见，就不够特殊了。所以，作者就安排了一段两人的单独相见。之后，我们第一次看到的黛玉的样子，是用宝玉的眼睛看出来的。同样，第一次看到的宝玉的样子，是用黛玉的眼睛看出来的。而且，这两个人相互看对方一眼，就看出了对方内在的性格特点。"宝黛初见"这段也是特别精彩的情节。下一次，我们再一起阅读。

读《史记·项羽本纪》：热血楚霸王

咱们今天来读一读《史记》中的项羽。

首先，司马迁选择用本纪体例来写项羽本身就已经体现出了他对项羽这位人物的肯定。因为本纪一般都用于记录帝王事迹，但我们都知道，项羽虽叫西楚霸王，历史上却并没有真正称过帝，所以这就代表着在司马迁的心中项羽已是一位当之无愧的帝王。其实，项羽有过一段时间算是中国真正的统治者，因为当时项羽虽然号称西楚霸王，但实际上其他各地诸侯王基本都是由他分封的。

拿破仑的名字刚传入中国的时候，有人出过一道辩论题叫"项羽与拿破仑论"，就是比较项羽和拿破仑到底谁更厉害。当时有一些老秀才没有听说过拿破仑这个名字，所以闹出了"项羽'气拔山兮力盖世'，更何况是拿个破轮子呢"的笑话。

实际上，我们在阅读这两人的生平事迹后会发现，项羽和拿破仑真的非常相似。首先，两个人都没有什么家族势力，可谓白手起家。项羽家中连块地都没有，拿破仑也是一个穷学生，读着书就出来打仗了。其次，两人都被称为战神。但大家可能比较认同拿破仑是战神，因为我们对项羽的四面楚歌与乌江自刎耿耿于怀，所以不觉得他有多厉害。但真是这样吗？当然不。如果你去读一读《史记》，就会发现项羽简直比拿破仑还要厉害。项羽一辈子打了大大小小的七十多场仗，就输过一场，也是他人生中的最后一场仗。项羽起兵时二十四岁，成为西楚霸王时二十七岁，仅用了三年时间就确立了自己的霸主地位，最后还灭掉了暴秦，分封天下。

一开始什么都没有的项羽，最后花三年时间打下天下。想一想，换作我们，三年能干什么？大概只能读个初中或高中。

司马迁在《史记》中是毫不避讳地赞美项羽的，如第一段尾就写道："然羽非有尺寸，乘势起陇亩之中，三年，遂将五诸侯灭秦，分裂天下，而封王侯，政由羽出，号为'霸王'，位虽不终，近古以来未尝有也。"

这段话是什么意思呢？意思是项羽作为一个没有自己地盘的普通人，仅仅是趁着天下大乱的时候起来造反，花三年时间带领着各路诸侯灭掉了秦国，最后自己分封天下，国家的所有政令都由项羽来发出，因而被定号为霸王。虽然他的位子没有坐很久就丢了，但是自古以来没听说过这样的事。

所以在读《项羽本纪》的时候，我们会发现项羽算得上是一位有志有为的青年，是一个很了不起的人，感受到一种自我奋斗的热血感，因此他的故事一点不亚于拿破仑的成长史。

我们可以重点读一读项羽小时候的故事。但在这之前，我曾常常思考一个问题，《史记》的许多故事似乎都是没有来源的，比如项羽和他叔叔项梁的对话，难道司马迁知道这件事情吗？其实他不知道。既然如此，那为什么惜墨如金的司马迁会将这样一件并没有什么依据的事写进《史记》呢？

答案是为了借这件事来表现人物特点。正如鲁迅赞《史记》这本书为"史家之绝唱，无韵之《离骚》"，意思就是它不仅是一部优秀的历史作品，同时也是一部相当精彩的文学作品，也就是说它的表现力很强。

所以我们在读《项羽本纪》中关于项羽小时候的故事时，应该留意多想想，司马迁为什么要写这件事？

司马迁在《史记》里主要写了项羽小时候的三件小事。第一件是写他的学习方面，"项籍少时，学书不成，去；学剑，又不成。"项羽小时候学习书本，没学完就不学了，去学剑，结果剑没有学完又不学了。有意思的是，我们有时夸人"文武双全"，这样看来，项羽似乎是"文武双不全"。

项羽的叔叔叫项梁，看到自己的侄子学什么都没有耐性，他就生气地把项羽骂了一顿，但项羽对此还振振有词地解释了一番，说："书足以记名姓而已。剑一人敌，不足学，学万人敌。"在他看来读了书后会写自己的名字就够了，还说学习剑术也只能打败一个人，同样不值得学，自己要学就学能匹敌万人的本事。这说明项羽从小就胸怀高远志向，他对自己有非常明确的定位。

我们小时候常常被问到长大以后想干什么。如果项羽是一个生活在现代的小孩，他的这种回答仿佛就是在说自己长大后绝不做普通人干的事，如写字、计数、算账、买菜等，不屑于做这种事情！也不只想着打败某个人，因为自己想要的是打败所有人，居万人之上。

叔叔项梁在听到这些也非常开心，于是就教项羽学习兵法，项羽刚开始的时候同样特别兴奋，可是才刚懂得了一点儿兵法的大意，他就又不肯学到底了。

值得思考的是，司马迁为什么要写这件事情？我们从中能看出项羽这个人有什么特点呢？

那就是项羽是一个心气特别高、没恒心却又非常聪明的人。他对许多事物"不肯竟学"，这是没有恒心的体现，但是从后面的故事中我们又能看出，项羽有着超强的学习能力，几乎一点就通。剑术虽没有学完，但他经常能做到以一敌百；兵法没有学完，但项羽所带领的军队实力在当时的天下几乎找不到敌手。

我们知道韩信带兵很厉害，但在项羽刘邦争天下时，他不过勉强排第三。当时秦国还有位大将叫章邯，他的武力和领导军队的能力甚至强过韩信，但最后章邯还是自降为将臣服于项羽，这就从侧面反映出项羽的兵法确实非常厉害。

《史记》中还记载了第二件发生在项羽小时候的趣事："秦始皇帝游会稽，渡浙江，梁与籍俱观。"记录的是秦始皇有一次巡游至浙江绍兴，当时有许多百姓为了目睹天子的威颜都挤在大街上，项梁也带着他的侄子项羽一同出来看热闹。

大家如果有机会看到始皇帝会有什么感想呢？一般人感受到的都是天子气息的威武，甚至很多人连头都不敢抬。但项羽说出了一句惊为天人的话，叫"彼可取而代也"。他仿佛在不屑地说秦始皇这哥们有什么了不起的，我将来一定能代替他！看到这里，我们会发现项羽的心气已经高到没有人能够压制住他了。

　　这句大逆不道的话当时把项梁吓得一把捂住项羽的嘴并赶紧说："毋妄言，族矣！"因为在当时这句话一旦被别人听到，后果可能是九族都要被皇帝诛灭，项家所有的人都会因项羽的这句话而丧命。但与此同时，项梁也发现项羽是个不同凡响的人，所以《史记》里讲，"梁以此奇籍。"

　　其实在《高祖本记》中，刘邦当时也见到了秦始皇，并且他也说了一句话，叫"大丈夫当如此"，刘邦认为男子汉大丈夫就应该是秦始皇这般样子的，也说明他心里也想成为这样万人之上的人。

　　通过这个小小的细节，我们就发现项羽和刘邦两个人的区别，项羽是不服的那个人，他的心里想的永远都是自己要打败所有人，从而证明自己天下第一厉害，这是项羽。而刘邦是一位见贤思齐的人，当看到厉害的人时，会产生要向别人看齐，自己将来也要当这样的人的想法。

　　这两种状态是不一样的，后者是一种能与他人共存共赢的状态。通过这样理解和分析，我们也许能够明白为什么项羽一开始明明是处于大好的局势，最后却被他自己一点一点给折腾没了，而刘邦明明什么都比不上项羽，军事实力不够，人格魅力也有所欠缺，但最后取得了天下。

　　因为通过这件小事，我们发现项羽这样自傲的人其实是很难用人的，因为他渴望向所有人证明自己的强大，且不能接受自己在某些方面不如他人的事实。而刘邦是能够欣赏他人优点的，《高祖本纪》中便写刘邦在已经得到了天下却仍讲出"夫运筹策帷帐之中，决胜于千里之外，吾不如子房；镇国家，抚百姓，给馈饷，不绝粮道，吾不如萧何；连百万之军，战必胜，攻必取，吾不如韩信。此三者，皆人杰也，吾能用之，此吾所以取天下也。"

将自己与运筹帷幄、决胜千里的张良,安定老百姓、论攻城拔寨的萧何,以及骁勇善战的韩信作对比,最后大方承认自己在专业领域不如他们。但是刘邦也清楚自己最大的优点就是能选贤举能,让三个人都能为自己所用。这也正是刘邦为什么能夺得天下的原因。

《史记》中最后写道项羽长大后非常勇武,"籍长八尺余,力能扛鼎,才气过人。"

我们知道鼎是古代一种非常重的礼器,历史上有且只有一个人将鼎真正地扛起来过,这个人就是秦武王嬴荡,但是他最终也因鼎实在太重而被压成了重伤,最终一命呜呼。

通过这件事我们能知道,能扛鼎的人,绝不是一般人。但是,项羽则不仅长得高大、力气足够大,能扛起鼎,而且还很有才华。因为《史记》在前部分介绍过项羽学书和学剑都没坚持学完,最终却还是才华横溢,由此可见项羽的确天赋异禀,不同于常人。另有,"虽吴中子弟皆已惮籍矣",指的是当时整个吴地的男人都很忌惮和害怕项羽,可见他勇猛的名声在那时就已经广为人知了。

司马迁写《项羽本纪》中项羽小时候的一些事情,其实这些都不一定有确凿的证据。

但是司马迁的目的并不是向我们说明这些事件的真实性,而是为了在这些细微的事件中刻画出项羽到底是一个怎样的人。正如那句"三岁看老"的俗语,通过分析小孩在小时候表现出来的一些特质,其实就能够猜测到他未来整个人生道路的一些轮廓。

而在《史记·项羽本纪》中我们知道,项羽有几处非常鲜明的性格特点。

第一，项羽非常聪明，许多领域他只稍微学学就会了。但这从侧面也反映出项羽很难对一件事情保持长久的专注力，这必然会在他未来打天下的道路上产生一定影响。

第二，项羽非常外放，哪怕见到天子都敢说一句"彼可取而代也"，表现出一种相当狂傲、目中无人的特质。如果他的人生道路一直顺利的话，这会给人一种战无不胜、攻无不克的感觉，但如果遇到一些挫折，那么这种骄横、以自我为中心的性格也会让他离目标越来越远。

所以，通过以上对项羽小时候一些事的分析，我们就会发现其实司马迁已经在暗示项羽的未来结局。第一，他能做出前无古人的功业来。第二，他的这份功业无法长久。当然，这些预测在《项羽本纪》的后些部分也得到了一一验证。

附录二

我们应该怎样读书

在很小的时候,我看过一个故事,里面讲的是一个特别不喜欢读书的小男孩儿,他甚至看到书,心里就感觉厌烦。有一天,男孩的爸爸一怒之下把男孩关在房间里三天三夜,并且还没收了他的游戏机和手边一切能玩的东西,就只给他放了一本书。

结果呢,第一天,这个男孩百无聊赖地东看看西瞅瞅,但就是不动桌上的那本书。到了第二天,他实在是太无聊了,于是就开始翻了翻这本书。第三天,男孩仿佛在书中发现了新大陆,居然一直在盯着那本书看。

男孩的爸爸看到这一幕非常高兴,于是就把儿子从房间里放了出来。等着小孩出来后,这位爸爸就问他:"你已经看了那本书一整天,我发现你充满了新奇感,你到底读出了什么呢?"

男孩回答说:"收获很大!"

爸爸问:"那你巨大的收获是什么呢?"

男孩说:"我以前一直以为书本上的字都是手写上去的,但是昨天我盯了那本书整整一天后,我终于发现原来这些字都是机器印上去的!"

看到这里,许多人可能感到啼笑皆非。当然,这个故事的确也只算得上是带有一些夸张成分的笑话。但它也反映出一个非常普遍的问题,那就是现在的很多孩子虽然经常读书,并且读的数量还不少,但实际上他读书的成效很低。这个问题最本质的原因就是孩子们并不明白到底应该怎么正确地读书。

这也是我在教学过程中遇到的一个非常普遍的问题。常常会有许多家长跟我反映孩子读的书真不少,从小就读过四大名著,包括西方的各部经典作品,孩子从小到大读过的书加起来甚至远远超过了家长读过的书。但是,孩子就是学不好语文,这到底是怎么回事呢?

其实,这些困扰家长的问题也是因为孩子没有掌握正确的读书方法。如果真的掌握了好的读书方法,孩子想提高语文成绩是不会成问题的。

中国有一位语文教育的先行者——叶圣陶先生,有人曾问他,您能不能简单地告诉我,到底怎样才能学好语文这门学科?叶老先生当时只说了三个字儿,叫"多读书"。

看到这里,好像又有些矛盾,一方面说多读书就能学好语文,另一方面许多人即便读了很多书却还是学不好语文。这到底是怎么回事?

原因就是,不同人读书的层次是不一样的。

读书大致可以分为四个层次:第一层就是在读书的时候可以认识许多新字词、新的表达方式等,这是最简单的层面。第二层是读到了一个新的故事。第三层是能接触到书中各种新鲜的人物角色,看到他们不同的性格。第四层是最重要的,就是通过读这本书,我们能理解这个作者想表达什么,并且也看懂了他是用何种方式表达的。

书读得多但语文成绩不好的同学,多是停留在读书的第一层与第二层。一般而言,能够达到第三层,读完一本书后能对书中人物形成一个自己的观点和看法的孩子比较少。

进而言之,语文学不好的孩子肯定也很难达到读书的第四层,因为大多数孩子在读书的时候,几乎没有试图去主动理解作者想表达的东西,以及感知作者到底是用什么样的方式或说是用哪一种文学手法将这些表达出来的。

如果从现实角度讨论语文的学习,首要就是孩子的语文成绩。语文学不好、分数低,这个难题其实集中表现在两个方面:一方面,阅读能力不够;另一方面,写作水平不高。

如果我们仔细地分析就会发现,阅读能力与孩子的年纪相关。低年级的孩子在做阅读题时可能还比较依赖于记忆力,但等到四五年级,尤其是到中学后,我们会慢慢发现语文阅读其实已经跟记忆力没有多大的关系了,这时的阅读考得更多的是孩子们的理解力。

一个孩子的阅读题做得不好,并不是因为他看不懂这个故事或不认识故事中的某些字词,而是他不明白这个作者到底想通过这个故事告诉他什么。

所以阅读的难题其实就集中表现在两个方面:第一,如何理解作者想要表达什么?第二,作者为什么这么表达?这几乎就是孩子到高考为止,能在语文阅读中遇到的难题。

写作和阅读是相似的,它们就像一块玻璃的两侧,当我们在看着这边时,其实也在看着另一边。

一个孩子的作文写不好，并不是因为他在遣词造句上有多困难，或者是他连一个故事都讲不明白。而是因为他在动笔写作文时，其实并不知道自己在这篇作文中想要表达什么，以及用怎样的手法去恰当展示出来。

　　换个角度，语文学习的难题也可集中在表达和交流这两个方面。当我们拿到一篇文章时，能不能看懂作者表达了什么，当我们想把这篇文章与他人分享时，能不能采用一种合适的方式将自己想表达的核心内容表达到位。

　　所以，读书的核心就在于读懂作者是如何表达的，以及他到底表达了什么。如果用这样的方式进行有质量地阅读，再加上读本数量的增加，我们的表达力自然也会增强，写作文时也能够采用一些高级手法使文章显得漂亮又精彩。

　　语文和数理化这些学科最大的区别在于它并不怎么培养智商，而是一门培养情商的学科。一个语文学得好的学生，他会反复体悟别人是用了什么样的手法把自己想说的话漂亮地表达出来的，然后再学以致用，这样他的情商自然而然也就会提高。在解读别人的话语时，能明白背后的意思，不至于说长大后，当有女朋友对他说冷，他还说没事儿，今天月光挺好。

　　语文也是一门与性格成长相关的学科，与其他的学科，尤其是应用性强的理科是不太一样的。学好物理的人可能会修电灯泡，学好化学的人可能会分析物质成分，但语文学习则是修炼情商和人格。

　　所以，回到我们应该怎样读书的命题上来，这个主题也许显得有些自以为了不起，就好像我特别明白应该怎样读书。其实不然，我只是想与大家分享自己在读书方面的一些看法和观点。

读书最核心的就是我们要知道作者想表达什么。也就是说读书是锻炼孩子们理解力与感知力的一个过程，也是一个培养情商的过程。

举个简单的例子，我在很小的时候特别不喜欢作家鲁迅，毫不夸张地说，我小学所有课本上没有鲁迅这个人的名字，因为我把他的名字都给抠掉了。印象特别深的一次是在小学时读到他的一篇作品，这篇作品被收在鲁迅的散文集《野草》中，题目叫作《秋夜》。

我在当时看到这篇作品觉得很神奇，因为《秋夜》的开篇说："在我的后园可以看见墙外有两株树，一株是枣树，还有一株也是枣树。"不知道大家看到这句话后是什么感想，我当时唯一的感受就是非常愤慨。我心里想，鲁迅有什么了不起，连一句话都说不明白，如果换我来写这句话一定写得更好。我会直接写："在我的后院有两株枣树！"这不比鲁迅写得更简单吗！最后还特别生气地把他的名字抠掉了。

但是等到上了大学，鲁迅却成为了我最喜欢的作家，直至现在，我最敬佩的中国作家也是鲁迅，没有第二个人。首先是因为随着年龄的增长，个人经历不断丰富，理解能力也随之得到了一定提升，其次，在北京大学中文系的七年求学生涯中，我也慢慢明白了应该怎样读书。

所以，我又回过头来看当初的那篇《秋夜》，发现了很多新的东西。这篇文章写于1924年。当时鲁迅遭遇了许多事，身边很多人都离他而去，所以，他当时非常孤独彷徨。读到这里，再看《秋夜》中的那句话，我发现似乎不一样了。

鲁迅在那样孤独寂寞之时，就连两棵重样的树都要分成两次来数，而这个句子就将他当时那种孤独感淡淡地写出来了。

如果我们不理解鲁迅，而只是去读这个故事，就会认为这篇文章写得很烂，甚至觉得这是一个病句。但如果能够尝试着提升自己的理解力和感知力，去感知作者想要通过这个句子传达自己的心理感受，就能慢慢地读懂这本书。

其实，这种文学手法并不是鲁迅独创，在其他许多作家的文章中同样出现过。如契诃夫就有一篇小说叫《柔弱的人》，里面写到一位男性在给他的家庭教师支付工资时特别不情愿，所以不停地找理由来克扣她的工资，最后工资被扣得只剩十一卢布。

契诃夫在作品中是这样描写的，当"我"掏出这个钱准备递给女教师时，先给了三卢布，接着又给三卢布，再给三卢布，最后是一卢布，又一卢布，一共十一卢布。

这个句子与鲁迅《秋夜》的第一句话特别相似。但我们都知道，契诃夫这位作家向来是以说话简洁、不在文章中写废话著称。所以他这样写肯定是别有深意的。一卢布一卢布地递工资给女教师是为了将男主人那种抠门儿和故意调戏的状态写出来，作者在滑稽的表达中隐秘地对其进行了讽刺。

这种手法其实不光在文学作品中有，甚至很多的音乐歌词里也有。如周杰伦的《星晴》，里面有句歌词是"手牵手一步两步三步四步望着天，看星星一颗两颗三颗四颗连成线"。对此，曾有人说，一句歌词写得如此啰嗦。其实这句歌词写得很有味道，它将男女主当时甜蜜牵手、迈步雀跃的状态和轻松愉悦的心情生动地描摹出来了。

同样的歌词还有林俊杰那首《背对背拥抱》，有人提及"我们背对背拥抱"这句歌词，质疑说背对着的两个人怎么拥抱？说这句话的人显然是没有明白作者想表达什么，他无法感受到写出"背对背拥抱"这句词后的作者心里隐秘的那份伤感。两个明明很喜欢对方的人，却又无法直白地表达出来，所以他们无奈地转身离去，这时两人就是背对彼此的。虽将离开，但心中还是渴望与对方拥抱一下，于是两个人背对背拥抱了一下面前的空气。这是一个很悲伤的场景，但是语文学不好的人不会明白这一点，因为他的理解能力不够。

最后，我想强调一点，大家平时一定要带着"问题意识"去读书。

在北京大学中文系读书的时候，老师们教会我最重要的四个字就是"问题意识"。什么叫作"问题意识"？就是当我们在读到某处难以理解的地方时，一定要自己先在心里提问题，当问题被提出后，我们就会试着去寻找答案，这样就能读出一种奇妙的乐趣来了。

我们在小学阶段往往停留于回答问题的这个层面。老师提问题，作为学生的我们负责回答，写出一份让老师满意的答案就已经算完成任务了。但实际上，读书需要培养的不是写出答案而是提出问题的能力。等孩子长大后，无论是学习中还是参加工作时，能够善于思考、敢于质疑，从而提出许多有价值的问题，这是一种非常重要的能力。

所以，我希望家长在陪伴孩子读书时，一定要多鼓励他们提问题。如果他们刚开始提不出问题，家长也可以试着自己先去提一些有意思的问题，如"在读这本书的时候你有没有发现很奇怪的地方"或者"你觉得他为什么要写这个故事呢"。久而久之，孩子们的问题意识和提问题的能力就能在家长这种循序渐进的引导中得到培养与提高。

既然前面说到鲁迅，我就多举几个鲁迅的例子。比如他还有一篇小说叫《孔乙己》。孔乙己是一位读书人，但他的书读得并不好，并且生活状况也比较差。当别的读书人进酒馆时都会要几个菜然后坐在那慢慢地喝酒时，同样身穿长袍的孔乙己却只能跟一群"短衣帮"在门外站着喝酒。"短衣帮"其实就相当于是做力气活、比较底层的工人们，所以他们吃不起什么下酒菜。小说写每当孔乙己进酒馆，所有在喝酒的人就都会看着他笑。笑他的不仅有穿长衫的读书人和有钱人，就连那些穿短衣的穷"打工仔"也在嘲笑孔乙己。

读到这儿，大家会不会去想一个问题？那些有钱人和读书人嘲笑孔乙己没有取到功名，生活条件差，丢了读书人的面子等我们能理解。但为什么连那些"短衣帮"也要嘲笑孔乙己？那些"打工仔"自己的生活状态并不比孔乙己好到哪儿去，孔乙己还能在柜台上排出九个铜板，这些人甚至都不见得能排出这钱，他们有什么嘲笑孔乙己的资本？

为了便于理解，我举一个更接近我们日常生活的例子。比如，有个学生在班级的学习成绩很差，因为他每次都考倒数第一，所以经常被大家嘲笑。但突然有一次，这个小孩儿考的是班级倒数第二名，另一个学生考了倒数第一的时候，大家就会转而嘲笑这次考倒数第一的学生，尤其是开头那个老考倒数第一，这次破天荒地考了倒数第二的学生，他可能笑得最厉害。

通过这个例子我们也许能够体会到，其实鲁迅在写所有作品时，每一个细节都体现出他对于人性的深刻洞察。

所以，我们平时在读书的时候，遇到像这种奇怪的地方，我们就要去问为什么，去探究到底是怎么回事。经过这样慢慢不断地思考与探索，才能将作者隐藏在文章深层的思想挖掘出来，否则，你只是在这本书里看了一个故事。

沈从文的《边城》相当受小孩子的喜爱，当我们自己开始去读的时候其实就会发现为什么，因为其中有一种自然天成的语言美。里面的人物有一颗美丽的心，如翠翠、天保、傩送等，他们过着非常朴实的生活，也保持着非常善良的内心。

　　但是，我们在读这本书的时候有没有发现一些很奇怪的地方呢？比如说，翠翠作为一个十几岁的少女，本应是天真无邪的年纪，她却常常在太阳下山时流泪哭泣。甚至有一次当她在河边望见了远处开来的木船，看见船上有一位旅客把烟灰磕在了船帮上，翠翠突然间就哭了。

　　如果只是看故事的话，我们一定会对她的这种行为难以理解。但如果我们试着去结合作者沈从文到底想要表达什么，以及他作品里的人物到底是怎样的人，他们心里在想些什么，等等这些问题，也许就能够慢慢地了解为什么翠翠看到太阳下山、看到有人磕烟灰就会哭。因为翠翠从小就失去了父母亲，一直与爷爷两人相依为命，但是爷爷年纪已经非常大了，不知道什么时候就会死去，所以翠翠担心爷爷有一天不在了，自己将会孤苦无依，因而她每天都会感到害怕。

　　正如一首歌叫《夕阳红》，太阳下山和老人的离去是非常相似的，灰烬和落日一样，都容易让人想到死亡，所以翠翠看到落日会哭，看到烟灰也会哭。

　　还有一个问题，为什么每次提到爱情时，翠翠总会梦见自己摘了一大把虎耳草？许多孩子读到这里时一般会简单地跳过去，因为在他们眼中这就只是一种草。但是为什么翠翠不梦见自己摘的是一把狗尾巴草呢？其实书中有写到：虎耳草的叶子肥大，所以当地的人用它来做伞，可以遮风挡雨。到这里我们也许就渐渐明白，翠翠在内心深处对爱情有自己的理解，她希望找到一个可以依靠、能够为自己遮风挡雨的人。因此在提到爱情的时候，她的心中会出现虎耳草的形象，在梦中飞到崖边去摘虎耳草。

那翠翠为什么渴望这样的爱情呢？我们再回到她的身世上，翠翠从小孤苦无依，陪伴她的只有爷爷和那艘木船，因此她也会孤独，会害怕爷爷离开自己，希望以后能找到能为自己遮风挡雨的那个人。只有当我们读到并理解到了这个层面，才算明白这部小说到底在写些什么，否则只是蒙头蒙脑地看了一个故事，一段时间过后这个故事也就被淡忘了。

这样的世界才是文学的世界，读书读成这个样子才叫读书。

关于学科C位,大语文的内心独白

GET2018 教育科技大会

作为C位的语文学科

最近这些年,语文这个学科挺"热"的,为什么热?我想和大家简单分享我的理解和认识。

语文之所以"热"了起来,很可能是基于我们对语文认识的变化。在很长一段时间里,不少人对语文的认知就是"语文是一种交流表达的基础工具"。然而最近,越来越多的人开始意识到语文不仅是一个工具性学科,还是非常重要的关乎人的人文性学科。从现在大趋势来看,教育越来越趋向以人为本,关注人、发展人。所以语文作为重要的人文性学科,自然会越来越受到重视。

"语文"这个词里有两个字:"语"和"文"。我在北京大学读书的时候,文学专业最基础的分类就是语言学和文学。语言学重语,文学重文。

"语"这个词更加偏重工具属性。它更多强调语言的使用，包括我们说的话怎么才能让别人听得懂；如何更流畅地表达；如何更好地理解别人的表达；等等，这都是语言会涉及的内容。其实在中小学阶段，语文更注重培养孩子的"语言"。

"文"这个词更加偏重审美属性。"语文"这两个字有点像"音乐"与"绘画"。就音乐来讲，达成音相对简单，达成乐比较难。就绘画来讲，绘很简单，画出画来比较难。同样，对每一个发音正常的中国人来讲，语相对简单，做到文比较难。

总的来说，语是说了什么，所以要看懂表面的表达；文是想说什么，所以要看到背后深层的意思。所以我们说语文可以培养孩子一种很特殊的能力，这是很多学科都培养不了的，这种能力就是情商。因为语文学得好的孩子，能看懂和听懂别人在说什么。

事实上这一点完全体现在语文考察中。比如，许多孩子都觉得阅读题目特别难。它到底难在何处？阅读板块的难度绝对不是看不懂这个文章里的字词，或者读不懂表面的情节发展，真正的难度在于读懂作者想要表达什么。我总结一下，目前各色各样的阅读题概括起来，不过就是四道题。第一道题叫概括题，第二道题叫信息提取题，这两道题考的都是"语"。但孩子在这两道题上的失分率，会随着年龄增加、年级提升而慢慢降低。真正令孩子失分越来越多的是后两道题，分别是理解分析题和鉴赏题。后两道题考察的并不是孩子简简单单的语言能力，而是考察有关"文"的理解能力、鉴赏能力。所以，在语文的考察中，"文"的重要性不断地提高。

我们现在特别重视语文的人文属性。人文性到底是什么？理解两层意思就足够了。第一层，人文抛去语言的部分，"文"主要体现在文字、文学和文化，文化是站在文字和文学背后的。第二层，文的底层逻辑是"人"，一切文的背后其实是人。就"人"这个词而言，它可以组成三个很重要的词，第一个词叫人情，人是有情感的；第二个词叫人格，人是有自己的取向的；第三个词叫人性，人性支撑着人情和人格。

所以，我想再一次强调：学语文绝对不仅仅是学一个工具，学一篇文章，学一种表达艺术。中文是我们的母语，语文是我们的母语课程，我们C位学科也必须是语文。语文这个学科不仅仅是一个教学的学科，它还会涉及我们个人的审美趣味、日常生活的交际及民族文化的传承。

语文教学的四层目标

接下来，我想跟大家讲讲语文学习的四个层面。第一层面，语言的建构和运用；第二层面，思维的发展和提升；第三层面，审美的鉴赏与创造；第四层面，文化的理解与传承。这四个层也可称为四个维度。

第一个维度是语言的建构和运用，这是基础。语言的建构和运用对于语文学习是非常重要的，怎么样把话说得更清楚，怎么样表达得更优美，这就是进行语言训练的目标。所以这一个维度是表达、沟通、交流、生存的需要。我们把它称之为炼口的维度。

第二个维度是思维的发展与提升。我一直觉得，语文是非常重视思维训练的，尤其注重这两种思维：形象思维与逻辑思维。那些真正写得好的文章，绝对不是用一堆漂亮的辞藻堆砌出来的。语文的文章有自己的章法，语文的思维能力与外语的思维能力是不同的，这种内在的语言的区别也许就造成了我们中西方的思维差异。当然，中西方差异固然有环境影响，但是内在的语言工具的不同，也是影响我们民族思维密码的重要因素。所以语文教学一定得有一个非常重要的目标，就是提升和发展我们的思维，尤其是我们的逻辑思维。我们把这称之为炼脑的维度。

第三个维度是审美的鉴赏与创造。审美能力不仅仅是一种能辨别美丑的能力，更重要的是一种令人感到愉悦的能力。有的愉悦感从工作中获得，有的从人与人的交往中获得，但有一种愉悦感是任何事物都无法取代的。那就是我们通过文章、文字、文化而感受到的愉悦感。正如"子在齐闻《韶》，三月不知肉味"，孔子觉得审美艺术带给他的愉悦感已经超过了吃肉带来的快乐。我们平时读到一篇写得很好的文章，能够回味很久，这也是审美带给人的愉悦感。文学本身就是一种审美艺术，艺术带给我们的愉悦感能让我们受益终生。所以审美的鉴赏与创造非常重要，我们也把这称为炼心的维度。

第四个维度是文化的理解和传承。我不是一个迷信的人，但我认为很多东西都有"魂"。文化也是有魂的。作为重要的人文学科，语文涉及整个民族文化的传承，而中国的文化会决定我们以什么姿态站在世界舞台。理解与传承文化其实就是在炼魂。我们把这个维度称为炼魂的维度。

语文的重要性不仅仅体现在语文的分值在不停拉升，更体现在语文的难度在加大。在语文教学上，炼口、炼脑、炼心、炼魂，维度一个一个地提升。我们在感受博大的同时，更应该体会到肩膀上沉重的责任。不过，只要我们确认了目标，便坚定地朝着目标努力吧！

邵鑫老师答疑实录

一、为何读书

Q：写作在整张语文试卷中占的分数不少，但孩子每次碰到写作文就抓耳挠腮，半天写出一篇作文还得不了高分。为了孩子写出一篇好作文，身为家长跟着操碎了心。

A：首先，孩子作文的扣分点一般可以总结为以下四类：

1. 跑题。孩子作文跑题的根本原因在于阅读理解能力差，弄不明白出题人要求写什么主题。

2. 作文立意不够明确。学生写了半天连自己也不知道自己想要表达什么。放眼望去，看不到文章的主旨。

3. 内容和主旨不符。如主题是"坚持"，孩子却写下满篇与"坚持"主题毫无关系的内容，这样的作文注定是严重失分的。

4. 书写卷面不整洁。有的孩子字迹潦草，错别字也不少，这种作文的印象分就基本是零分了。

其实一个书读得好的孩子，作文是不会成为弱项的。因为作文写不好的问题最有可能出在理解与表达上，而读书最主要的就是培养孩子思考和分析问题的能力，换而言之就是发现问题和解决问题的能力。与此同时，也要针对自己的具体情况去分析原因，如果连原因都不知道，盲目学习是没有用的。就像不知道病因而盲目开药吃一样，不但治不好病，还可能有害。

Q：孩子的语文阅读题成绩经常"拖后腿"，怎么能提高？

A：孩子在做阅读题时可能存在以下几种情况：

1. 文章理解不到位。孩子写的答案都是空话套话，明明在做理解题和赏析题，但实际写出来的文字自己既不理解也不欣赏。

2. 题目分析不到位。孩子常常在读完题目要求后，还是不清楚自己需要回答什么。

3. 写答案的时候缺乏逻辑性。比如，题目问的是为什么不能去掉"慢慢"这个词？孩子就一句简单的"因为作者心里很轻松"，而这个答题逻辑是不完整的。"因为作者心里轻松，所以不能去掉慢慢这个词"，这是一句毫无逻辑的话。正确的回答应该是"因为'慢慢'这个词的意思是缓慢轻柔，如果去掉则不能体现作者轻松的心理，所以不能去掉"。这个问题的根源在于孩子的表达长期以来处于没有逻辑的情况，日常对表达的训练不够。

4.**答题习惯不好。**书写一团糟，答题要点不清晰。很多时候阅读的问题出在表达。而学习的核心也是最底层的能力，是思考能力，也就是能够根据具体情况找出问题并分析解决问题的能力。我们一定要具体问题具体分析，针对不同问题制订不同的改进计划。

Q：为什么建议孩子读经典呢？

A：现在孩子们的特点是好奇心强，很多孩子往往喜欢读一些历史类、军事类、科幻类和冒险类的书籍，因为这些书籍满足了孩子们的猎奇感。但是，很多时候这些书籍只能给孩子带来最低级的快乐，无法锻炼孩子的思维能力和审美能力。读经典不同，经典是需要孩子们去思考和探究的。我觉得，人生最大的乐趣是思维的乐趣，而思维最大的乐趣在于追问为什么。"维"这个字可以表示思考，但它的本义是连接，意思是不停地探寻万事万物之间的联系。这种乐趣是无与伦比的。以前高中学哲学的时候看到过一句话，"世界是联系的"，我当时觉得这只是一句随便的话，但是后来越来越有感触。因为现在的孩子们，最缺乏的是思维能力，不是学科知识。一旦孩子们打开思维的这扇门，就会一发不可收拾！思维能力提高了，枪炮都可以自己造。这就是读经典的意义。

二、如何选书

Q：读书只能读经典吗？

A：我提倡读经典，因为经典是经过时间检验的书本。而那些未经时间验证过的书，孩子阅读起来就会有风险。

Q：孩子读不懂文言文原著，那要不要替换成白话文译本？

A：我建议能读原著的孩子，尽量读原著。如果实在有阅读困难的，就可以读白话译本。但孩子10岁以后要少读改写本，多读原著。改写本是二手的，读起来相对没有营养，类似于吃口香糖，只嚼了个味。

三、如何读书

Q：如何做好批注？

A：批注主要从三个方向写：分析，写法，感想。圈点勾画：不是乱画，而是指哪个点上需要注意，你才把它圈画出来。读书笔记可以写自己的阅读感想，或分析，或收获都可以，没有形式要求，主要就是记录自己的读书心得。

Q：您怎么看待写赏析这件事？我们都知道坚持是好事，但孩子到了中学继续坚持会很难。

A：这里面其实是两件事。==一件是鉴赏能力和理解能力==。很多时候写赏析靠的是鉴赏力和理解力，你如果是瞎写，写得再多可能也没效果。==一件是赏析题的答题规范==。这个可以练，但掌握即可，熟练度也不会随着练习的增多而增加。

Q：初一的语文期中考试中有大段赏析，作为不熟悉初一教材的家长，我觉得这类题目实在是太难了。您怎么看？

A：因为家长很多时候不太了解，肯定觉得难。所以要**把学习的主导权还给孩子**。我觉得赏析题都不难，现在的语文考试越来越脱离套路了，孩子是没读懂文章，看不出文章哪里写得好，才会答不出赏析题。这件事情的**本质是语文越来越考查理解能力**，这是回归语文学习的本质。背一背套路、做一做题就能拿高分的时代已经一去不复返，现在语文学习的本质是读书。大家**看问题要看本质、看趋势，考试是低层次要求。以扎实读书培养起来的理解能力**去应对考试的要求是很轻松的。认为赏析题难做，归根结底是孩子们有质量的阅读太少了。

有天赋会轻松一些，但语文不是只靠天赋的。路都一样走，方向对了，终会到达；**方向错了，或者根本就不走，再有天赋也无法抵达**。我觉得是要寻找开窍的时机，开窍就已经接近成功了，一点一点来，需要机缘。认真读书、认真感受、认真思考，迟早会开窍的。

Q：邵老师您一直强调"问题意识"，那我们应该怎么提问？

A：**提问是有一些基本方向的。我们在考试中遇到的概括题、理解题、作用题、赏析题，全都是阅读思考的基本方向**。概括题就是讲什么了，理解题就是想表达什么，作用题就是为什么写，赏析题就是好在哪里。机械地学语文是很难学好的，因为找不到规律。语文的规律与思考和情感密切相关。所以要回归本质，学会读书。问题意识是最难训练的，也是最重要的。有了问题，答案是迟早的事。==提出一个好问题，比找到答案更重要==。首先，问题也分好坏。有些问题没有思考含量，算不上好问题。其次，提问之后，要自己主动思考和查询。因为==问题的本质是思考的方向==。"不思考就提问"和"只提问不思考"，都没什么作用。

Q：邵老师觉得家长应该如何参与到孩子的学习当中？

　　A：==重视教材！在学校要认真听课。要把课本吃透。这两条是基础。==看到群里大家在讨论怎么帮孩子读教材的问题，简单说几句。

　　（1）学习是孩子的事，家长不要参与太多。我认为家长做好两件事就够了。一是看明白大方向，比如要让孩子明白学习的重要性，要重视读书，等等，能够在大方向上给孩子把正，不至于跑偏。二是给孩子足够的支持，包括物质上的支持和精神上的鼓励。其他参与得越少越好。很多时候好心往往帮倒忙，关心则乱。

　　（2）如果作为家长自己想要学习，那就是自己的事情，不要把孩子牵连进去。不要用对自己的方式来要求孩子，成年人和孩子的思考方式和接受情况都是不同的。就上面两条来说，如果大家是自己想学语文，看看语文课本，补补当年的功课，完全没问题。除此之外，不建议家长指挥，甚至替代孩子去做具体的学习事务。一旦家长把孩子的学习变成了家长自己的事，结果很容易两败俱伤，孩子会受挫和迷茫，家长会力不从心。就像我在谈读书的时候说的，偷过的懒，总会受到惩罚；少走的路，迟早还得再补。其实对孩子的学习和成长，也是一样的。不要寄希望于捷径和完美攻略，世界上没有完美攻略，最快的捷径就是认准对的方向后一步一步扎实地来。"欲速则不达"，大家一定记住这句话。

（3）成为更好的自己。我在课上有两次讲文章的时候跟孩子们说过，要努力做更好的自己。这句话里有两个含义，一是要努力做更好，二是要认清自己。家长也是一样的，要让孩子成为更好的他自己。如果只追求更好，忽视了他自己，结果很可能也不如人意。要承认人与人之间的不同，也要重视孩子自身的可塑性，不要过度和别人比，但要多和自己比。把握好两者的关系，也许就可以既不躺平，也不焦虑。凡事有大小，大事不糊涂，小事不纠结。这不仅是教育之道，也是成长之道。共勉。

Q：现在我已意识到家长陪伴阅读的重要性。但主要的问题是：一是资源泛滥，时间被碎片化。二是想阅读，但读不懂书的深意，所以总是拿起这本放下那本，总是买买买，最后却积灰。三是看书时遇到的问题应该直接去找答案，还是读完整本书后一起解决？如果在过程中就去找答案，心就飞了；但是如果不找，又觉得缺了点什么。针对这三个问题，您怎么看？

A：

1. 关于资源泛滥，时间被碎片化。这个问题是当下普遍存在的问题，也是我想做"邵鑫读书"的一个重要原因。真正有益的读书，应该是读好书、好读书。所以在这个问题上我的建议是两点：

（1）多读经典，尽量避免在未经时间检验的作品上耗费太多时间。

（2）多做精读，千万不要贪多，要尽量追求深度，不过分追求广度。

2. 关于想读书但读不懂的问题，要有耐心。学问都是有规律的，读书也有其规律，都是从浅入深，急不得。在正确的方向上，一点一点开悟。我的建议是慢慢寻找自己有感觉的作品，一旦找到，百读不厌。在这个反复阅读体会的过程中，你会逐渐感受到读书的乐趣和方法。一通而百通。打球弹琴，都是要在日复一日的训练中逐渐摸索出感觉，读书也一样。如果读每本书都浅尝辄止，哪怕读书再多，就像弹琴时不停换曲子一样，每首曲子弹两遍就扔了，琴技很难提高。一首曲子反复锤炼，把每个细节处理好，感情慢慢体会到，最后逐渐至于精通。这是我更加赞成，也认为是更加有效的方式。

3. 看书时遇到问题是直接找答案，还是读完整本书一起解决？我的经验是随时查，只要有条件。暂时没条件查的，等闲下来就找答案。很多时候答案是不唯一的，有一千个读者就有一千个哈姆雷特，这是艺术的特点，也是它的魅力所在。艺术在于唤醒和丰富人的心灵。文学就是文字艺术。而且每一部作品，都会有相对统一的主旨。要在反复精读的过程中，不断回顾，对很多问题的认识看法也会升级变化。这个过程是最快乐的。

Q：我们这些家长小时候，也没有很多书读，可能一本书读个四五遍，就能琢磨点背后的东西出来，现在孩子一本书看一遍，一般就看个热闹。对此，您怎么认为？

A：非常认同。同样的话我曾说过几次，我小时候没有那么多书可以读，于是对着一本两本书反复看，我最多的一本书，数着遍数看过27遍，后来再看就懒得数了……鲁迅的书，是翻烂掉的。有一本书，被看没了，就是看到页都散了，最后拾不起来。当反复精读体会一本经典好书的时候，会逼迫你寻找新的思考角度和方向，否则就会无趣，因为情节故事都知道了，就不热闹了。

Q：请问邵老师，名句的出处需要背诵吗？

A：不用背诵，从兴趣出发去记忆是可以的，不要强迫。

Q：学校经常会举办经典诵读，听写一样的内容，为什么会出自两本不同的书呢？（一本出自《新唐书·元澹传》，一本出自《旧唐书·元行冲传》）

A：这种情况大概率是两篇里面都有。而且看出处都是唐代，一个元行冲，一个元澹，一家人的概率很大。所以要去搜一下这两个人的关系，并搜一下这句话在两篇文章里的具体语境。上面是我解决问题的思路。以后碰到类似问题，要让孩子自己去解决。这么做了之后，不但不会被干扰，还能顺带了解更多内容。这就是主动提出问题，再解决问题的好处。搜索之后发现，元行冲和元澹是同一个人。名澹，字行冲。在《新唐书》和《旧唐书》都写了他，只不过一个叫《元澹传》，一个叫《元行冲传》。

Q：又学到了一招，学会了碰到问题如何解决问题，自主学习必备。

A：大家还可以继续思考名和字之间的关系。澹这个字是和缓的水流，冲是激荡的水流。所以，元澹字行冲，名和字是反义关系，类似于韩愈字退之。所以说学习无止境，学习要灵活。

Q：那古人为什么取两个意思相反的名和字？

A：因为过犹不及。古人的名和字之间一般都存在密切联系。比如同义关系，杜甫字子美，甫就是美男子。反义关系，韩愈字退之，元澹字行冲。组合关系，刘禹锡字梦得，曹操字孟德。语文是很好玩的。大家在平时可以多提问。提问是学问的源头。

Q：古人的名字起得都特有文化，也好听。是不是不同的场合要使用不同的称呼呢？

A：名是自称或长辈叫的。字是给别人叫的。平辈之间如果叫名，类似于今天喊人小名，跟骂人差不多。

Q：记住了，再去体会回忆下各种电视剧里的人物叫法，有点意思。

　　A：是的。我当年看《妖猫传》，里面有一个惠果大师，我就不由自主去想这个名字的意思。惠就是赠予，突然想起之前有个变戏法送西瓜的人，我就断定是他。结果证明确实是。这就是学语文的乐趣。

Q：太棒了，留心处处皆学问，这才是小朋友该学习的，以点带面，告别死记硬背。那么，杜甫是真美男子吗？

　　A：这是取名字的寓意。孩子们如果真把自己认识的人名字意思全搞懂，就很了不起了。

Q：邵老师，那名和字都是长辈起的吗？

　　A：好问题，可以自己查查，看能不能找到答案，这个就是引导孩子正确提问和思考的方式。

Q：最近小孩在看《简·爱》，但是孩子说体会不到这本名著的魅力。您怎么认为？

　　A：一个长相普通、家境贫寒的女孩子，为什么能够得到罗切斯特先生的爱？从问题出发去读书，才会有质量。读书就是读人心，读事理。

Q：是不是因为两个人精神上是平等的？

　　A：对，这就是女主角的魅力。仔细想想，能保持和其他人精神人格上的平等是很难的。小朋友们跟老师之间的精神可能都不平等。

Q：我怎么觉得精神上女主角更高一些？

　　A：那是旁观者的认识。她自己不是这样想的。

Q：说最后为什么又写男主角瞎了，失去财产了，感觉男主角不完美了。

　　A：像这种问题，也要鼓励和肯定，让他自己去找答案。

Q：邵鑫老师，太难了，为什么感觉自己和小孩都越来越无知了？

　　A：意识到自己的无知是进步的开始。苏格拉底说："我唯一的知识就是知道自己的无知。"知识是个圈，圈越大，圈外的世界也越大。

Q：我觉得我跟着老师进步了很多，以前看书就囫囵吞枣，大概明白就行，现在读书，我必须找点看不明白的。留心读，还真是有不少似是而非的，不懂就查，还真有解答。经典值得反复读，不同阶段读，感受都不同。《简·爱》里那些经典台词，学生时代读没太多共鸣，成年后感触完全不同。还有巴金写的《忆鲁迅先生》，也挺有意思，我们这两天读到了这篇文章，小朋友能从字里行间中感受到巴金对鲁迅的真挚情感，这是最重要的。

A：非常好。知人论世。这种做法值得大家学习。

Q（六年级学生）：《阿Q正传》中，鲁迅塑造了另一个以符号为名字的底层人物小D，小D的深层含义是剪了辫子的中国人吗？

A：你看看这篇论文《〈阿Q正传〉中Q及D与O》，这些都是不同人的观点。你可以多看多思考，也可以提出自己的想法。读书有趣的地方就在于不断提问和寻找答案。看别人的论文，也可以顺带看到他们是从哪些书里得到的启发。有可能由此找到一些不错的书，比如周作人的那本《鲁迅小说里的人物》，蓝皮，江苏人民出版社，如果你要研究鲁迅的小说，就可以找来读。

这个同学听我讲过阿Q名字的寓意，然后在自主阅读的时候，能够去思考鲁迅为什么要写"小D"这个名字。这就是非常了不起的进步，因为她开始学会自主发现问题了。然后我鼓励她继续自主寻找解决问题的方式，并经过思考做出自己的判断，形成自己的认识。这就是真正的读书和学习，这对于孩子提升读书兴趣、培养思考能力是非常有帮助的。

这样做过之后，相信再提到《阿Q正传》，==这位同学的理解会比其他泛泛而读的同学深刻得多==。更重要的是，由此她开始养成自主发现问题和分析解决问题的习惯，不但对读鲁迅的书有帮助，进而对解决所有的阅读和学习问题都有很大的提升。

A：我想请问各位一个问题，你们刚才说"谢谢邵老师耐心地对待我们这些'幼儿园的小朋友'"，这句话使用了什么修辞手法？正所谓，语文就在身边。

Q：借代？

A：不是。借代是红领巾扶老奶奶过马路。

Q：借喻？

A：答案是夸张。比喻需要有明确的喻体，也就是比作了什么。而本体和喻体不能是同类。借代是指使用一个部分或借用一个明显特征来代指整体。比如红领巾代指少先队员。借用部分代指整体，简称借代。这句话是夸张里面的缩小夸张。我们把自己的学识之少，夸张为幼儿园小朋友。跟"芝麻大点儿事儿"是一个用法。

Q：老师讲讲铺垫、烘托、衬托、渲染这些吧，很多时候分不清楚。

A：要学会通过分析术语的名称来理解含义。伏笔、铺垫、烘托、渲染，都可以这么理解。比如伏笔和铺垫的区别。伏是暗，铺是明。

Q：具体来说，渲染和烘托有什么区别呢？

A：首先，要推究这两个词的根本区别。渲染源于画法，渲和染都强调通过涂抹来加强效果。文学里，就是对所要表现的对象做反复突出的描写。比如要表现一个人丑，写他这里如何丑，那里如何丑，都是渲染。烘托也源于画法，但不是直接涂抹，而是通过点染轮廓外围，来突出想要表现的对象。烘这个字本身就强调侧面，托又表示衬托。所以，烘托和渲染相比，更强调侧面衬托。举个例子，要表现我此刻很伤心，如果用渲染，就是我哭得一把鼻涕一把泪，如何如何。如果用烘托，就是外面天有多么阴沉。

四、如何输出

Q：不会把见到的事物、现象转化为素材，一写作文就怕，这种情况该怎么办？

A：**没有表达的目的，只有表达的要求**。很多孩子的问题是不明确自己要表达什么，茫然表达600字。结果就是写了一堆言不由衷且无关痛痒的话。言不由衷，就是假大空。无关痛痒，就是内容和主旨脱节。所以本质上不是缺乏素材，而是没得可写。前些天有个初三的孩子，给我看他的作文。文章写自己喜欢演讲，参加了某次演讲比赛，赛前觉得稿子背得可以了，就去玩了。比赛的时候看到别人讲得好，就开始紧张。结果自己上台的时候，词儿就忘了，然后很难受。结尾说以后要坚持。大家可以想一想，问题出在哪里。一是想表达什么不知道，二是内容和主旨脱节。如果要表达的主旨是关于"坚持"，那么前面的所有内容都和"坚持"无关。这就是现在大多数孩子作文的问题。

大家只要问两个问题就行了：1.你的作文中心是什么？2.你写的内容和中心的关系是什么？每个作文题都能问倒一片，所以我认为不是素材问题。

Q：这种题目孩子拿到就迷茫了，如下：

题目：《我毕竟走过》

要求：人生就像是一条漫长而曲折的路。走过崎岖的小路，你能感受到路途的坎坷；走过平坦的大道，你能感受到路途的顺畅。虽然有苦有甜，但我们毕竟走过。请以"我毕竟走过"为题，写一篇习作。要求把事情的经过写具体，表达出真情实感。

A：这种情况很常见，问题出在理解能力差。大家可以想想：这个题目主题是什么？我估计一大半人写跑题。主旨是人生需要坚持吗？孩子可能出现的第一个问题是：主旨不清晰，也就是说，写作之前，孩子自己也不知道自己要表达什么，只知道他要写个什么事儿。这就是没有明确的主旨。第二个问题是，哪怕有主旨，也可能选择的主旨跟题目要求不相符。首先要明白，什么叫"毕竟"，就是事情虽然不完美，但也没白做，这才叫毕竟，底下的要求文字里就说，人生有苦有甜，但"毕竟走过"。意思就是，尽管人生不是一帆风顺，但总有收获和意义。所以这篇文章的主旨，如果正确分析题目，是已经有明确方向的。

Q：抓到主旨了更也不知道怎么写了。现在的孩子们生活太顺利了。

A：生活都差不多的，主要是高质量阅读太少了。读书读的其实都是这些话题。

Q：“毕竟"，我以为是，虽然不完美，但是我体验过，有点感想。

A：这样理解是可以的，但是"体验过"本身不值得作为主旨来写，既不是情感，也不是感悟，这就不能当主旨。写文章是要表达自己的内心。"体验过"太浅了，没什么好表达的。所以要再深入一步，寻找意义和价值。写作就是要看你心里有没有东西。如果心里是空的，还不知道老师在问什么，还不知道怎样把情感和感悟表达出来，要写好作文很难。

Q：这个与成长类的作文类似吗？

A：几乎所有的中学作文都可以算在成长类，但表达的侧重点是不一样的，这个就要靠审题，如果稍不注意，就很容易偏题了。看似都是"成长"，因其主旨侧重不同，表达可能完全不同。同样一件事，可以写出不同的主旨。比如刚才这个题目，哪怕人生不顺，也是有收获的，这本身就是一种成长。还有很多种成长，因为成长就是不断改变自己，有新的情感体验，有新的人生感悟。所以只说成长是不够的，一定要具体问题具体分析。要审题。所以千万不要相信所谓的押题。作文没有两道题目是完全相同的。

Q：明白啦，是的，要结合题目来拓展，具体分析，怪不得语文老师不让写"万金油作文"。

A：是的。不要指望捷径，那都是骗人的。能脱颖而出的，都是硬桥硬马的真功夫。

Q：很大的苦恼在于读了记不住，不会提问。是不是太心急了？

A：多去理解，明白所以然，能给别人讲明白，就能记住。至于"提问"可以一点一点来。

Q：老师，我想带娃去看《哈姆雷特》的戏剧，让他自己去提前做攻略。您有什么好的建议？

A：让他自己了解哈姆雷特和莎士比亚，然后给你们讲。家长当学生，他当老师。让他自由查找，自由发挥。大家一定要鼓励孩子分享自己的认知和想法。教学相长，这句话不是空话。

Q：文言文如何入门？

A：文言文学习从古诗词和成语入手最好，初级可以读一点《世说新语》或其他小古文。

Q：摘抄与仿写怎么做？

A：摘抄和仿写，很多孩子的痛点是<mark>不知道应该摘什么，也不知道要怎么仿</mark>，不知所以然是主要的问题。摘抄的内容选择和使用方法是个大问题。动笔和阅读一样，走了个形式。仿写主要仿结构，分析原句的结构和句式，按照此结构和句式，填充以新的内容。结构（彼此之间的关系）是专家的眼睛。真正的结构不只有总分总，而是去判断每段每句，像句型一样抽离出来去学习。

Q：我家孩子昨天回来说，感觉自己阅读理解提高了，新开学第一次练习，一个都没错，暑假课效果明显，但是作文还是不行，所以我想还是从根本上学习，把书读好了，才能写出文章，邵老师，我这样理解对吗？

　　A：作文出问题的原因不止一个，要具体分析。有的是审题问题，有的是立意问题，有的是结构问题，有的是表达问题。需要分析一下，对症下药。

Q：我家娃喜欢看书，但是作文感觉流水账，可能是精读的书少。

　　A：流水账是因为一无真情实感，二无细节。写作文要有真情实感，这个是前提。然后是如何表达真情实感的问题，主要依靠的是细节和形象。孩子们作文问题，我认为最主要的就是这两个：结构和层次。写作要把握的三个重点：想表达什么，用什么表达，怎么表达。

Q：邵老师，如何理解原作者做高中阅读理解，满分20分仅得6分？

　　A：很正常，这个问题我讲过，作者思维和出题人思维是两码事。两者都重要，能读懂题但读不懂文章也没办法。我讲一下为什么有些文章作者做不对阅读题。==阅读的答案，主要由题==

目确定答题方向，由文章确定答题内容。把题目读懂了，分析清楚题型和要求，才能知道题目要朝什么方向回答，这一点做得好，做阅读题就变得像填空一样。然后根据对文章的正确理解，把内容填进去，就是完整答案了。如果只能读懂文章，却读不懂题目，或者不清楚题型及对应的答题方向，哪怕是作者，也一样拿不到分数的。这就像是我要求你按照我的问题来讲你的故事。如果你没听懂我的问题，或者不符合要求，哪怕故事你自己知道的最清楚，也得不到满分。所以读题和读文两方面训练都很重要但本质上又是一件事，就是分析别人的想法。读题是分析出题人的想法，我叫他"出题人思维"。读文章是分析作者的想法，我叫他"作者思维"。在写答案的时候，还要考虑阅卷人的感受和采分便利性，这也是一种思维，我叫他"阅卷人思维"，很多人做阅读的时候只有读者思维，只站在自己阅读的立场上谈感受。这样是写不出好答案的。必须学会换位思考，把出题人思维、作者思维、阅卷人思维三位一体，才能完美答题。阅读的本质就是理解别人，而不是表达自己。核心在于换位思考。这是阅读的深层意义。把阅读简化为机械答题或是简单谈感受的，都没有理解其本质意义。这也是为什么我说要提高阅读，根本在于学会读书。一篇文章的作者，只有作者思维，是做不对题目的。

Q：孩子改病句容易错，怎么练习，多做题吗？

A：病句要总结类型，特别是常错类型，然后进行有针对性地练习。

Q：如何做好阅读理解题？

　　A：一是要花时间练，有意识地练。

　　二是要清楚阅读理解四大题型：概括，理解，作用，赏析。每种题型有着不同的提问方向。

Q：邵鑫老师，有老师说，语文可以尽早培优，学到高中不为过，是吗？

　　A：多读书，读书不要被年级限制。多培优提前学这个事儿我不赞同，语文的知识类学习越往后占比越少，高分主要不是培出来的。

Q：之前陈周老师直播的时候，说语文基础很好，有绝对优势。请问老师的优势是怎么提前获得的？

　　A：是的，语文的基础在于阅读方式和积累。在正确的阅读方式下长期积累，就是深厚的语文基础。写作和阅读也是一体的。

Q：三种写景抒情方法：托物抒情、借景抒情、寓情于景，请问这三种区别是什么？

　　A：用我的方法，先自己思考，探究每个词的不同。学会举一反三。孔子说："举一隅不以三隅反，则不复也。"

Q：如何把已经掌握的知识运用到解决实际问题中？如古人的名、字、号都有所了解，但是到具体问题就不会想到这是解决问题的方向。

A：解决问题主要是依靠思维方式，不是原有知识。知识是死的，人是活的，要找到解决问题的思路和角度。这就要靠平时的功夫了。学语文，功夫在课外。